幽默
沟通学

YOU MO
GOU TONG XUE

刘漠◎著

应急管理出版社
·北京·

图书在版编目（CIP）数据

幽默沟通学/刘漠著. -- 北京：应急管理出版社，2019

ISBN 978-7-5020-7690-0

Ⅰ.①幽… Ⅱ.①刘… Ⅲ.①幽默（美学）—语言艺术—通俗读物 Ⅳ.①H019.49

中国版本图书馆 CIP 数据核字（2019）第 190140 号

幽默沟通学

著　　者	刘　漠
责任编辑	高红勤
封面设计	侯心如
出版发行	应急管理出版社（北京市朝阳区芍药居 35 号　100029）
电　　话	010-84657898（总编室）　010-84657880（读者服务部）
网　　址	www.cciph.com.cn
印　　刷	玉田县昊达印刷有限公司
经　　销	全国新华书店
开　　本	880mm×1230mm$^1/_{32}$　印张　6　字数　180 千字
版　　次	2019 年 10 月第 1 版　2019 年 10 月第 1 次印刷
社内编号	20192546　　定价　29.80 元

版权所有　违者必究

本书如有缺页、倒页、脱页等质量问题，本社负责调换，电话：010-84657880

前　言

　　放眼中外名人名士，不难发现，有些人虽相貌平平，却能吸引众人眼球，更为撩人心扉，其社交圈之广、朋友圈之大，简直是出人意料。不仅如此，他们虽资历平平，却总会成为上帝的"幸运儿"，财富、名誉总是接踵而来，无论做什么事情，都能够一路绿灯。这些看似不可思议的事情，实际上却隐藏着一个巨大的秘密，那就是他们深知"幽默"的奥妙，能够掌握幽默沟通的技巧。

　　生活很平静，幽默沟通能让平静的生活再起涟漪，也能让生活激流勇进。事实上，幽默沟通是社交中最为重要的环节之一。我们需要用幽默的语言，让我们的人际关系变得和谐。因为，幽默是人际交往的润滑剂、缓冲剂。

　　幽默是一种美妙的心理体验，我们可以在不知不觉中将快乐传递给他人。当然，万事有分寸，沟通要拿捏。我们需要让幽默这种高雅的艺术，替我们完成沟通与交际的伟大"使命"。

如果将人生定位为一场修行，那幽默沟通便是这场修行过程中不可或缺的智慧。我们可以巧妙地运用幽默的技巧，为人生苦旅添加些美妙色彩。

拥有幽默口才的人绝对是幸运的，他们将会终身受益。然而，幽默并非某些人的特权，也并非某些人的独有天赋，而是一门可以通过后天进行培养和锻炼的语言艺术。本书精心挑选了一些经典的幽默案例，希望通过妙趣横生的内容、深刻的技巧剖析、生动的场景刻画，让您在最短的时间内，轻松地掌握幽默沟通的精髓。

每个人都希望自己能够成为社交场上的焦点，而幽默沟通能帮我们实现愿望。愿我们早日成为拥有超强幽默感的社交达人，运用幽默带给我们的风度、亲和力、领导力和魅力，实现幽默且优雅的沟通。

作者

目录 CONTENTS

第一章 沟通的魅力，别输在不懂幽默上

尊重是幽默沟通的前提 …………………… 002
幽默是一种心理体验 …………………… 005
体会幽默沟通的乐趣 …………………… 009
幽默的人都有想象力 …………………… 012
幽默不是单纯逗乐 …………………… 017
精通调侃之道的交际达人 …………………… 021

第二章 幽默有分寸，沟通才顺畅

幽默是高雅的艺术，庸俗不等于幽默 …………………… 026
适度赞美，幽默才不过分 …………………… 030
态度友善，幽默不过头 …………………… 035
幽默的智慧，识别场合和对象 …………………… 039
幽默要有依据，才能避免尴尬 …………………… 043

开玩笑也要找对人 ········· 047
幽默不揭短，搞笑不失真 ········· 051

第三章 幽默有技巧，沟通有诀窍

夸张式幽默，让沟通更顺畅 ········· 056
幽默类比，幽默感更强 ········· 060
像相声演员一样"抖包袱" ········· 065
一语双关，话中有话的幽默 ········· 069
诙谐故事，笑声不断 ········· 073
自嘲式沟通，让交际更流畅 ········· 077
学会模仿，有助快乐地畅谈 ········· 081
水到渠成地搞笑，顺其自然地交流 ········· 086
故意卖关子，不露声色的风趣 ········· 091

第四章 化窘解难，做一个幽默的精灵

舌灿莲花，有了过失巧辩解 ········· 096
让我们一起"荒谬"到底 ········· 100
难得糊涂，糊涂也是一种幽默 ········· 105
理不歪，幽默不来 ········· 110
精细之处，显现幽默 ········· 115
歪理正说，尴尬自破 ········· 119

第五章　超强幽默感成就社交达人

懂幽默才有亲和力 …………………………… 126
幽默的人更有风度 …………………………… 131
借幽默打造领导力 …………………………… 136
幽默提升魅力指数的方法 …………………… 141
幽默地夸赞，舒心更加开心 ………………… 145
富有创意的幽默能推销自己 ………………… 148

第六章　幽默的交流技巧，成就好人缘

幽默是人际交往的润滑剂 …………………… 154
笑着达到自己的社交目的 …………………… 158
幽默的人气场更强大 ………………………… 163
幽默帮你化解交际中的不和谐因素 ………… 168
风趣的语言帮你获得交际主动权 …………… 173
批评别人，也能让别人开心 ………………… 178
机智搞怪，善戏善谑 ………………………… 182

第一章
CHAPTER1

沟通的魅力
别输在不懂幽默上

尊重是幽默沟通的前提

日常为人处世,沟通是达成交际目的的关键步骤。而要想做到有效沟通,我们就要学会尊重我们的交流对象;而尊重对方,也就意味着要理解他人,懂得换位思考,这是尊重对方的有效途径;而结果的沟通,就是求同存异,从而达到有效沟通。沟通的前提是尊重对方,而幽默沟通的前提更应该是对交流对象发自内心的尊重。

懂得尊重别人的人才值得他人尊重,这是在生活中我们经常会听到的一句话。其实,幽默的沟通方式更需要建立在尊重的基础之上,换句话说,我们无论运用哪种幽默的沟通方式与对方进行沟通,都需要让对方感受到我们所谓的"开玩笑"不是调戏,我们的幽默不是一种滑稽。反之,如果幽默交流不能建立在尊重的前提之上,那么这种幽默可能就是一种讽刺,是一种挑衅。我们不妨看看下面的案例,从中会有所体会。

如何让幽默沟通的对象感受到你的尊重?

第一章　沟通的魅力，别输在不懂幽默上

首先，我们是发自内心地真诚交流。真诚是实现尊重对方最内在的因素，无论我们想要用哪种方式与人交流，拥有真诚的内心，自然会让对方感受到你的尊重。一个懂得真诚对待别人的人，往往都明白尊重别人的重要性。当我们用幽默的口吻与别人进行交谈时，我们是发自肺腑地真诚，那么对方一定能够感受到我们对他的尊重。

其次，尊重一个人需要了解对方。或许你会说我们不可能了解所有的交流对象，而能够实现幽默沟通的场合，往往是在我们已经熟悉了交流对象之后才展开的沟通。换句话说，我们一点也不了解的人，怎么敢一上来就用幽默的沟通方式呢？

了解一个人并不是意味着我们整天什么事情也不用做，只要去了解这个人的喜好即可，而是意味着我们需要了解这个人的语言习惯，了解沟通对象的交际特点。

一名海澜之家的销售人员，在看到一对夫妇进入店铺之后，并没有着急上去导购，而是静静地观察和聆听。"这件衬衫不错。"男士边指着一件新款衬衫一边说道。"价格也不错。"女士笑着说道。显然，女士是嫌弃衬衫价格高。"虽然贵了点，这才能让同事看出我媳妇儿多爱我啊。"男士笑着接腔，此时女士笑着轻轻拍了一下男士的后背。

看到这里，销售人员才主动迎上去，说道："这件衬衫是我们今年的新款，无论是颜色还是版型都很受欢迎，会员也会有折

扣的。"

男士说道："我肚子有点大，有大号吗？"

售货员笑着说："您这不叫大肚子，叫富态，有您穿的号。"他说完拿了合适的号码给了男士，女士笑着在一旁看着男士试穿。

这位售货员先是从夫妻二人进店之后的谈话了解到，男士是一个比较幽默的人，喜欢开玩笑。因此，售货员在与其进行交流的时候，也会选择幽默的交流方式，此时的幽默沟通正是建立在对交流对象了解的基础之上。

最后，理解我们的沟通对象。很多时候，我们无法实现幽默沟通的原因就是不够理解我们的交流对象，甚至误解对方的一些言语。这样一来，从我们的内心来讲，我们是无法实现幽默沟通的。因此，理解对方是实现幽默沟通的重要环节。我们只有理解了交流对象，我们才能够更好地与人相处，才能避免产生误会，从而更好地尊重沟通对象，最终实现沟通的目的。

当我们发自内心去尊重一个人的时候，对方才会愿意与我们进行沟通。我们运用幽默的交流方式，需要尊重我们的交流对象，而不是随意地开玩笑，随便地拿沟通对象打趣。

幽默沟通是一种沟通方式，而要实现这种沟通，就需要我们尊重每一个沟通对象，"尊重"不仅是嘴上说得那么简单，要让对方感知我们的真诚，只有这样才能够了解和理解对方，从而实现幽默沟通。

第一章　沟通的魅力，别输在不懂幽默上

幽默是一种心理体验

众所周知，幽默存在于所有文化中，也存在于所有的年龄段。幽默并不是某个年龄段的产物，也并不仅存在于某一种性格的人类之中。近几十年来，心理学才开始重视幽默，并将幽默作为人类的一项基本行为来研究。

我们要研究幽默这种心理体验，就必须了解心理学家对幽默的研究。曾经，心理学家错误地将幽默与负面影响联系起来，称幽默是一种自我表现，或者说幽默是人类潜意识中的一种思想，代表人类最原始的欲望。心理学家还表明，幽默是隐藏自己情感的机制。而支持这种思想的人们还认为，幽默是用来贬低和诋毁他人的，或者是一种夸张、夸大的失真表现。因此，幽默并不被看作是一种正面的行为，反而成为应避免出现的行为。这其实是心理学家忽视幽默研究价值的表现。

现如今，幽默已经成为研究的热门，甚至，具有幽默感的人被认为是有能力的人。心理学曾得出这样的结论，幽默能够加深别人对自己的印象，让人感觉到亲密并且能够缓解精神压力，幽默感是有这方面的优势的。在与人沟通的过程中，幽默感强的人总是能够吸引别人的注意力，幽默感能够帮助我们建立与其他人的联系，并能够帮助我们更好地实现交流，这或许就是心理学研究的意义所在。

随着对幽默研究越来越深，幽默已经作为一项行为或技能受到人们的重视，并已经进入主流的心理学实验。既然幽默是一种心理体验，那么究竟要如何来理解和创造幽默，从而实现幽默沟通呢？

下面我们就来揭开幽默的神秘面纱。

首先，我们所说的幽默绝对不是一种简单的"开涮"。也就是说，幽默分为三个阶段：第一个阶段是心理上接受笑话成立；第二个阶段是发现不协调感；第三个阶段，是解析不协调感或者说是欣赏搞笑。

三个阶段的提升是需要知识储备的，一个人具有了一定的知识量，才能够让自己的幽默显得更有深度，而表现出来的幽默程度才更加有意义。简单举例，我们看到的一个搞笑的图片可能是幽默的第一个阶段，而在搞笑的图片上绘画出多个搞笑点，就成为了搞笑的第二个阶段，再配上幽默的语言可能就成了幽默的第三个阶段。

幽默地沟通就是利用语言来创建心理表征，而这种心理表征必须与听众有心理共鸣，从而暗示这个心理表征，激起兴奋点或者是笑点。

其次，人生阅历绝对是理解幽默的最好平台。人经过年龄的增长以及经历的丰富，会在无形中增长自己的见识，甚至能够增加自己的幽默感。这种依靠人生阅历来丰富自身幽默题材的方式，无疑是最高效的。

我们会发现孩子的笑点很低，比如一种奇怪的声音，都会将其逗乐。而随着孩子年龄的增长，对身边事物的了解，他们可能会对你发出的奇怪声音已经见怪不怪，他们可能会对一些搞笑的漫画感兴趣。再经过成长，经历了挫折和磨难之后，成年人可能会对很多事物已经有了自己的认识，认为一些带有讽刺意义的时政评论是一种幽默。

由此可见，幽默并不是单纯意义上的简单认知，而是随着人生阅历的丰富而在不断变化和升级的。

最后，人们思考的方式和个人幽默感的关系是十分密切的。

一项研究发现，不同的思考方式注定了幽默的感应点是不同的。比如，我们看到一个人边看手机边走路，因此撞到了树上。当一个思维方式比较直接的人看到时，可能会觉得这种行为很好笑。但是当一个逻辑思维比较强，从事力学研究的人看到时，他可能会无形中利用自己的逻辑思维进行思考，从而降低了单纯事件带来的幽默感。在他思考之后，了解了身体撞击大树的力度之后，会觉得自己思考的结果更好笑。

由此可见，人与人的思维方式不同，所感受到的幽默也是不同的。在幽默沟通过程中，人们的思维方式不同，利用幽默语言的方式也不同，而实现幽默沟通的能力也就不同。

幽默是一种心理体验，这就意味着我们需要尊重听众的心理体验，学会从听众的角度去思考如何进行幽默沟通。我们进行幽默沟通，并不是单纯地为了自娱自乐，而是为了能够"逗"听众，让对方感受到我们语言的趣味，从而更愿意与我们进行交流和沟通。这种幽默的交流风格，是我们日常交流所需要学会的。

当然，任何人都希望在轻松的环境中与别人进行有效的沟通，而我们更应该意识到幽默沟通本身就应该是一种高效沟通，而这种高效沟通必须是建立在了解对方心理体验基础之上的。只有了解了对方的心理变化，才能够更好地做到高效沟通。

在日常的沟通过程中，可能人们对待什么是好笑的事情、什么是不好笑的事情还有不同的见解，但是心理学研究证明：幽默是一种严肃的行为科学，也是一种心理体验。

第一章　沟通的魅力，别输在不懂幽默上

体会幽默沟通的乐趣

　　沟通是人们生活中的桥梁，我们的生活离不开沟通，无论是工作还是生活，都需要积极地去沟通，沟通能够促进我们提升友谊，并且锻炼我们的语言能力。幽默是积极的生活态度，我们应该抱有积极的心态来对待生活。当然，要想做到幽默沟通，就要懂得幽默沟通的乐趣，感受到幽默带给自我的快乐。

　　俄国著名的文学家契诃夫曾经说过这样的话："不懂得开玩笑的人是没有希望的人！这样的人即使额高七寸、聪明绝顶，也算不上是真正有智慧的人。"可见，契诃夫十分重视幽默的沟通方式，在他看来，幽默的人才算得上具有智慧，也就是说幽默感本身就是一种智慧。因此，我们需要体会幽默沟通所带给我们的乐趣，找到幽默沟通的兴奋点，从而充分利用幽默实现沟通的目的。

　　无论在生活中，还是在工作中，我们都需要与人进行沟通，而沟通的目的就是为了能够让对方感受到自己的友好，从而促使关系的建立与关系的维护。一个懂得幽默沟通的人，往往十分了解幽默的乐趣所在。下面我们不妨通过这个案例来了解一下幽默沟通的乐趣所在。

美国前总统林肯就是一个惯用幽默沟通的人，在外交过程中，总是能够利用幽默的语言来打消对方的紧张感和戒备之心。

一次，林肯与某个国家的总统在会晤时，他边握手边笑着说道："哎呀，原来你比我的个子还高啊，怎么样，当总统的滋味如何呢？"那位总统刚刚上任不久，因此遇到林肯之后也是比较拘束，便反问道："您说呢？"林肯笑着说道："还不错，就像是吃了火药一样，一点就着，总想放炮。"说完之后，两个人都笑了。

通过这个案例不难看出，幽默沟通的乐趣之一就是能够化解尴尬的局面，甚至是能够缓解紧张的气氛，这是很多社交高手惯用的沟通方式。当然，幽默沟通能够让交流者关系更加融洽，这一点是毋庸置疑的。

英国前首相威尔森在参加竞选的时候，突然有个人出来捣乱，大声喊道："狗屎，垃圾！"如果遇到这样的情况，一般人可能会觉得不知所措，如果和对方对骂，可能会有失颜面。但是任由捣乱者胡闹，结果肯定也不好。威尔森是怎么做的呢？他面对狂呼的捣乱者，微微一笑，然后平静地说道："这位先生，您先别着急，我马上就要讲到您说的脏乱差的问题了。"那位捣乱的男士听了威尔森的话，先是一愣，随后便不知所措，无话可说。威尔森就这样摆脱了窘迫的局面。

幽默沟通的乐趣还表现在另一个方面，那就是能够打消对方的猜疑与戒备之心。尤其是在面对一些新的交际对象时，彼此心中难免有些生疏，从而会产生一定的戒备感。因此，当以风趣幽默的语言与对方交流时，开始时对方可能会觉得有点突然，但是听完幽默的话语之后，心中可能会打消紧张感，从而放下对你的戒备之心。

幽默的交流方式本身就是充满魅力和乐趣的，比如当我们看到一个人因为自己身材走样而苦恼时，我们婉转地说道："现在流行这种微胖身材，这叫进入了微胖时代，微胖才看得富态。"相信这样的话会让人们感受到快乐。从另一方面来讲，这种说话方式能够得到对方的认可。

幽默的语言风格能够让对方感受到快乐的同时，也拉近彼此之间的距离。因此，学会幽默的交流方式，不仅能够让我们感受到快乐，更能实现交流的目的。

善于沟通的人会在日常交流过程中学习幽默交流的技巧，从而学会幽默交流的沟通方式。在日常生活中，幽默沟通的技巧有很多，比如在与人交流时运用一些搞笑的故事来拉近彼此之间的距离；或者运用一些笑话来实现幽默沟通；或者是运用一些口头禅来实现幽默交流。总而言之，运用幽默沟通，实现交际的目的，需要我们认真体会幽默沟通的乐趣所在。

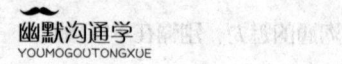

幽默的人都有想象力

幽默里边有"黄金",很多人都将幽默视为很珍贵的智慧。因为幽默能够使生活变得快乐,让我们感受到喜悦,从而远离孤独。俗话说得好:"笑一笑,十年少;愁一愁,白了头。"生活中充满了压力和苦恼,而这些消极的情绪会让我们变得焦虑不安,而幽默引发的笑声,能使我们的消极情绪一扫而光。一个幽默的人,往往是充满想象力的,毕竟一些幽默的辞藻都是想象出来的。

幽默是人与人交往的润滑剂。幽默的交流方式,能够帮助我们建立良好的人际关系。比如与人沟通中,我们与对方开个玩笑,这就可以达到活跃气氛的目的,从而使大家保持愉快、轻松的心情。对于大脑活跃的人来讲,保持幽默的交流并不难,只要提升自己的想象力即可。

幽默是在想象的基础上产生的,这一点是毋庸置疑的。要想成为幽默的人,想象力要丰富,才思要敏捷,就要通过以下几种途径来进行自我培养:

第一，丰富自己的知识和经验。

想象是什么？其实，想象就是人脑对我们感知的表象进行加工处理，从而创造出新形象的过程。而这已有的表象是通过我们在实际的生活、学习、工作中直接感知和接触到的，从而在大脑中留下印象。如果没有"大江大河"等表象的记忆，就不可能有"疑是银河落九天"这样精美的诗句。因此，只有我们大脑中储备了丰富的知识才能展开想象，也才能变得更幽默。同样，在我们以往的工作、生活经验中，我们对经验的积累，也是进行幽默交谈的基础积累。

第二，培养自己广泛的兴趣爱好。

兴趣和爱好在我们大脑中起到怎样的作用呢？兴趣和爱好可以使我们的思路更加开阔，想象也更有空间。要知道，我们所处的社会是十分复杂的，也是十分丰富的，任何方面都可能会让我们产生兴趣，任何事情都可能具有内在的关联性。因此，当我们有了自己的兴趣爱好，我们就会受到启发，从而想象出解决问题的办法。

就拿我们生活中的琐事来讲，从一个角度思考可能会觉得这些事情比较烦琐，可换种思路换种解决办法，这些事情可能就变得简单了。当一个人有自己的兴趣爱好时，往往懂得打开思路，从而激发自己的想象力。

第三，善于观察和思考问题。

我们经常会提到观察，那么怎样才算是善于观察？它指的是我们要能够全面深入地去观察。全面观察不是只看事物的表面，也并不是只看到事情的一方面，而是要看到事物内在的本质，全面地看待问题。当我们学会了观察事物之后，就要学会思考问题。尤其是当我们获得真实、全面、深刻的材料的时候，我们才能够更好地去思考事情，从而丰富我们的大脑，才能引出更多的想象和创造。

第四，经常静思冥想。

在生活中，我们要善于利用时间来闭目尽情想象，这样做对培养自我的想象力是十分有效的。所谓静思，当然就要寻找一个比较安静的环境，从而闭目思考，这样做是为了避免光线对眼睛的刺激而导致不能专心想象。静思冥想并不是瞎想、乱想，而是有情景的一种想象，这种想象要求越具体、越详细越好。

第四，掌握一定的方法和技巧。

想象的方法和技巧有哪些？其实我们可以简单地了解一下。

首先，可以利用黏合法来进行想象。这种方法就是将不同事物的某些部分和特征进行联想和黏合。比如将飞机与大雁联想起来。其次，可以利用夸张法进行合理想象。这种方法就是将一些数量或者是形象上比较夸张的部分进行设想。最后，可以利用拟人法，即将动物人格化。比如动画作品中的"叮当猫""小猪佩奇"等。

第五，要培养丰富的情感。

我们的许多情感往往是想象活动的直接体现和最初动力。捷普洛夫曾经说过这样的话："一个人的想象活动与其情绪生活是紧密联系着的。重大的创造想象，永远产生于丰富的感情之中。"

研究发现，在情绪低落的情况下，我们的想象力只有平常的1/2。此时，我们不愿意去多想。丰富的情感是提高想象力的"助推剂"。

通过以上方法可以培养自己的想象力。同时，在生活中，我们也可以通过以下技巧来让自己的想象力变得更加丰富。

第一，学会积累，积累能够让想象力更丰富。

古人有云"学会唐诗三百首，不会作诗也会吟"，由此可见，只有平日里多积累，才能够让我们的想象力更加丰富。对于幽默也是如此，只有积累了一定的幽默元素，才能够让我们在不同情况下运用适当的幽默方式。

第二，大胆尝试，不要害怕失败。

当我们想要尝试想象的时候，尤其是在交际过程中，我们可以多用一些比喻句，多尝试一些想象的方法，不要害怕自己比喻得不够贴切，也不要害怕别人会嘲笑自己。只有大胆尝试之后，才能够让自己更加幽默。

一个善于想象的人，多半拥有自己的思考方式，懂得通过自己的思考来总结一些善于激发别人兴趣的触点，从而在交流的过程中，通过适当的想象来表述出幽默的语言，从而激发听者的兴趣，最终达到幽默社交的目的。

　　幽默的人往往具有丰富的知识储备，尤其是在交往过程中，他们懂得学习别人好的幽默案例，从而学以致用。幽默的人还十分重视社会热点问题，他们会从中总结出一些幽默点，这样一来他们的幽默就变得更加具有时效性。

　　当我们想要通过幽默社交来达到沟通目的的时候，不妨先学会如何提升自己的想象力，从而让自己变得更受欢迎。

幽默不是单纯逗乐

什么是幽默呢？可以说幽默是一种人生智慧，它所体现出来的是一种相对高雅的才情，所能展现的是沟通力量。一位西方哲人这样说过：愉快的性格，是成功的灵魂。可见，幽默就是通过自己的性格，让别人感受到快乐。而且，诙谐、逗乐、自嘲也都是幽默的表现，但是幽默并不单纯地表现为一方面。

幽默分为四种类型，分别为哲理性幽默、荒诞幽默、讽刺幽默和胡言乱语。而简单的逗乐只是胡言乱语幽默中的一种。不要单纯地认为只要能够让对方笑，就是幽默。

逗乐需要讲究场景，在不同的场景要选择不同的幽默方式。要知道有些场景和场合，是不适合逗乐的。什么是逗乐，说得直白一些就是搞笑。幽默并不等于搞笑，而是比搞笑包含了更多的方式和内涵。

我们可以认为搞笑是幽默的一种方式，也是幽默沟通不可或缺的一种手段。但是这并不意味着随时随地的沟通都可以使用这种幽默方式。研究发现，在沟通的过程中，使用搞笑的幽默方式能够让原本不快乐的人，感受到快乐。但是在一些场合，搞笑的幽默方式不仅起不到化解尴尬、愉悦气氛的作用，反而会让气氛变得凝重和尴尬。因此，在适当的场合选择适当的幽默沟通方式，才是沟通的智慧所在。

在两家上市公司合作的签约仪式上，一方的代表说道："很高兴我们能够达成这次合作，也希望我们的合作能够实现双赢。"而另一方的代表说道："我们一定会双赢的，不然太阳就从西边出来了。"这看似为了活跃气氛的回答，其实会让另一方感觉到很尴尬，甚至不知道如何再进行交谈，这种搞笑的方式不仅不利于沟通的进行，更会让双方都陷入尴尬的境地。

搞笑、搞怪的幽默沟通方式不仅要根据场合选择，也要根据交际对象选择，我们要知道交流对象的性格和爱好如何。有的人在沟通的过程采用严肃认真的态度，这个时候如果我们还在用搞笑的语言来和对方沟通，恐怕起不到好的沟通效果。反之，如果我们的交流对象本身是比较幽默的，幽默感很强，那么我们完全可以用逗乐的方式与对方沟通。

法国曾有一名总统叫戈达，他本身是一个幽默、机智的人。有一天，一位外国老太太问他："总统先生，我很好奇，我们都知道法国人是十分浪漫的，那么法国的女人真的比其他国家的女人要迷人吗？"

第一章 沟通的魅力，别输在不懂幽默上

戈达笑着回答道："那当然，因为巴黎的女人在二十岁的时候，就美如玫瑰一般；在三十岁的时候，就像人们传唱的情歌一样迷人；到了四十岁时，就更加完美了。"

那位外国老太太紧接着又问道："那么法国女人四十岁以后呢？"

戈达总统回答道："太太，要知道一个巴黎女人，不论她真正年龄是几岁，看起来都不会超过四十岁。"

简单的逗乐不仅达不到好的交际效果，而且会对扩大交际面产生影响。用搞笑的交流方式进行交流的时候，我们也要知道有些沟通主题是不适合搞笑的。不同的沟通内容选择不同的交流方式。比如当一个人正在语重心长地给你讲述自己艰难的创业历史时，这个时候如果你还在以搞笑的口吻与对方进行沟通，恐怕对方会觉得你是没有诚心的，因此会中断与你沟通。

下班之后，Linda 与 Lily 去了咖啡屋，Linda 边喝咖啡边向 Lily 抱怨自己的丈夫是多么懒惰。

"他一回到家，除了玩游戏，就是看电视，根本不知道替我分担家务，就连孩子的作业，他也从不辅导。我下班之后简直没有一点自己的时间，像这种来咖啡屋里喝咖啡的机会太少了。"Linda 抱怨道。

"你现在不是有机会了吗？"Lily 说道。

"你不觉得我的生活很悲惨吗？"Linda 无奈地反问道。

"那你就当自己下班之后的运动是在减肥,你现在不是正在减肥吗?"Lily 说道。

Linda 听完之后,就终止了自己的话语,喝完咖啡之后径直回家了。

对于不同的沟通话题需要运用不同的交流方式和幽默方式,因此,我们要学会利用搞笑,而不是时刻都想着要搞笑。在生活中,与人沟通的机会很多,我们会遇到各种各样的人,也会遇到不同的交流对象。因此,我们要做的不仅是完成本次沟通,更要让这次沟通变得更有利于以后的交往。

对于一个善于交际的人来讲,交流不仅是要让本次沟通变得顺畅,更需要让以后的沟通变得有意义。因此,不要觉得幽默沟通的唯一方式就是逗乐,更不要认为只要沟通对象笑了就是成功的交际。

精通调侃之道的交际达人

调侃是什么意思？其实，调侃就是用言语来戏弄、嘲弄、嘲笑，现在多指开玩笑。在与人交往的过程中，要做到幽默沟通，很多时候是离不开调侃的，也就是开玩笑。这种调侃的艺术往往能够化解交流的尴尬，从而活跃交流气氛。

在英国旅馆曾经发生过一件有趣的事情，有一个英俊青年，可能是喝了点红酒的原因，他迷迷糊糊地走错房间。正好那个房间的门是开着的，他还未敲门，就走进了一位老太太的房间。当这位青年看到老太太时，他意识到自己走错了。

"对不起，对不起。我走错房间了，实在是抱歉。"这英俊青年很尴尬地说道。

"那倒不一定。"老太太笑着说道，"只不过是推迟了四十年而已！"

听完，青年也笑了。

可见，学会开玩笑不仅能够化解尴尬的气氛，还能够让对方心情变好。在与人交往过程中，我们需要做的就是学会沟通，利用幽默的方法，让自己的沟通变得更加顺畅。

曾经有一位十分擅长沟通的老妇人，她的儿子和媳妇是在上大学的时候认识的。后来两人一起去了国外工作，在外工作两年之后，一起回到老家陪老妇人过年。老妇人发现自己的儿媳瘦了很多，儿子却胖了。老妇人便问儿媳："你怎么会瘦这么多？"年轻的儿媳就开始向婆婆抱怨说道："您儿子太懒惰了，在家不做家务，在外工作也不认真，就连出门都会走错路，做什么事儿都要我操心。"要知道，任何一位母亲都不愿意听到别人说自己孩子不好，大部分婆婆在听完儿媳抱怨之后，都会替儿子辩解或者是解释，而这位老妇人很聪明，她对儿媳说道："我很理解你的心情，无论他做多少错事，但是至少一件事情他做对了，那就是娶了你这么好的媳妇。"

老妇人说完之后，儿媳哑口无言，也笑了起来。

由此可见，最高超的幽默沟通术，就是在别人不高兴或者是心情不愉快的时候，学会扭转交流氛围，巧妙地把已经点燃的火药引信熄灭，从而让沟通变得愉悦和顺畅。

在日常生活中，我们每个人都需要与人沟通，而沟通的重点问题是学会正确地调侃。什么是正确地调侃？其实，这就要求我们能够做到以下几点：

开玩笑应该掌握时机。人与人交往是十分常见的事情，并不是所有的时候都适合开玩笑，需要见机行事。比如，当我们在与对方真诚交谈、交流内心的时候，开玩笑可能就变得不合时宜了。

开玩笑要把握分寸。并不是玩笑开得越大越好，也并不是所有的玩笑都能开。有些话可以说，有些话不能说。比如沟通对象的软肋，我们不能拿来开玩笑。不要以对方的痛楚为出发点开玩笑。

开玩笑之前要学会察言观色，当你在和别人开玩笑的时候，一定要知道对方喜欢你说什么，知道对方现在心情如何，只有这样你的玩笑才能开成功。比如，在对方心情不好的时候，如果你还在一味地开玩笑，对方也不会开心。换句话说，我们可以通过开玩笑让对方高兴，同样地也可以让对方因为我们的玩笑话变得不高兴。正所谓每一株玫瑰都长满了刺，正如每一个人的性格中，都有我们所不能容忍的那部分。

开玩笑也要注意自己所说的内容。要知道幽默是一种高雅的艺术，而不是低俗的段子。因此，在和别人开玩笑之前，一定要明白对方的性格，了解对方是否能够接受自己的玩笑话，因为并不是所有人都能够接受低俗的笑话。

开玩笑要避讳不分亲疏。一般而言，与自己熟悉的人在一起，开玩笑是比较受欢迎的，而与陌生的人或者是很少见面的人沟通时，开玩笑可能就要慎重了。并不是所有的人都适合开玩笑，也并不是所有的人都能接受自己的幽默方式。

开玩笑要注意对方的身份。在这个复杂的社会中,我们所处的社会地位是在不断变化的,因此,我们不仅要注意交流对象的身份,更要注意自己身份的变化。在不同场合下,我们可能会有不同的身份,而不同身份就注定了我们要用不同的幽默方式来展现自己。因此,不要因为开玩笑丢了自己的身份。同时,也要学会注意观察别人的身份,尤其是对于第一次见面的沟通对象来讲,我们可能一时无法掌握对方是什么身份,所以在这个时候就要慎重选择开玩笑的交流方式了。

幽默是一种人生智慧,它具有一定的感染力和穿透力。因此,我们要做的就是让自己感受到这种穿透力的存在,让我们的沟通对象明白沟通的目的是什么,从而达到我们沟通的最终效果。

第二章
CHAPTER2

幽默有分寸
沟通才顺畅

幽默是高雅的艺术，庸俗不等于幽默

幽默，按词典上的诠释是："有趣或可笑而意味深长的。"从字面意思不难看出，幽默是有趣的、可笑的并且是意味深长的。而"意味深长"就表明幽默并不是平淡、庸俗的，而是有内涵、有内容的。换句话说，有趣、可笑的事物不一定是幽默的。

幽默是高雅的艺术，幽默并不一定低级、庸俗，更不意味着可以骂人，有时虽然是可笑的，但它绝不意味着是幽默的。幽默往往是高雅的，在交际过程中，我们所能听到和看到的一些事物，幽默感表现的基础，则是幽默的艺术性。

著名的幽默大师查理·卓别林曾经说过这样的话："幽默是智慧的最高体现，具有幽默感的人最富有个人魅力。"不难看出，幽默是经过大脑智慧的总结后再进行呈现，一个拥有幽默感的人，在社交过程中，自然能表现出超强的个人魅力。可见，幽默对沟通和社交的作用是十分强大的。在我们实际生活中，我们要意识到幽默的作用和好处，从而善于利用幽默沟通展现个人魅力。那么，幽默沟通的艺术性体现在哪些方面呢？

首先，幽默是巧妙圆场的善意体现。

曾经有一位秃顶的男士和朋友去餐厅吃饭，餐厅服务员不小心将红酒洒到了这位男士头上。服务员连忙道歉，并试图去给这位男士擦拭红酒，这位男士看到他紧张的表情，说道："你是不是想要用这种方式帮我治疗掉发呢？"说完之后，在场的客人都笑了，此时服务员也笑了。

这种幽默方式就是巧妙地圆场，这样做不仅让自己不陷入窘境，同时，避免了让别人产生尴尬。此时的幽默沟通就变成了一种善良的体现，这种善意能够让对方深刻感知，同时也避免了对方难为情。因此，这种幽默沟通就是一种善良的外在体现。

其次，幽默沟通是避开交际锋芒的智慧。

所谓幽默是一种智慧，并不是人人都能利用这门智慧来进行沟通和交际。在生活中，我们经常会遇到一些不够友善的人，他们的话语很多时候会刺激到我们，甚至会讥讽我们。此时，我们要善于运用幽默的沟通方式，不仅要化解尴尬的境地，更要用幽默的方式给予反击。

再者，幽默是乐观者的智慧。

一个具有幽默感的人，往往能够挖掘事物积极向上的一面，从而保持好的心态和对待生活的方式，建立自己独特的风格和幽默的生活态度往往是一种智慧。在实际生活中，我们需要保持乐观的心态来面对生活，而幽默的沟通方式便是乐观派的智慧结晶。

在沟通的过程中，我们时常会听到一些低俗的笑话，很多人认为这就是幽默。其实不然，要知道幽默是源于一个人的内心，而低俗往往源于一些社会表象。因此，不要认为低俗就是幽默，这种方式的"幽默"并不利于社交。

庸俗的段子或者是笑话不仅对我们社交十分不利，还会影响到我们在对方心目中的形象，甚至让对方对我们产生厌倦之情。因此，要善于总结我们生活中的一些经验和知识，丰富自己的内心，从而找到幽默所在，实现幽默沟通。

庸俗的段子大多格调低俗、趣味低级，因此，不顾场合、不讲身份地说"段子"，会让我们的沟通对象怀疑我们交流的诚意。

曾经有一名机床销售人员宴请一位客户，这位客户的性格比较沉稳，这名销售人员希望这位客户能够增加订购的机床数量，于是才请这位客户吃饭。

在饭桌上，这位销售人员说道："李总，听说您扩大了厂子规模，想必今年能多订购几台机床设备吧？"

"厂房刚建好，还没想好再上几台机床呢。"这位客户说道。

销售人员听了这位客户的回答，以为对方有其他的想法，便突然转变话锋："您看您这几年生意做得越来越大，肯定离不开家庭的支持，想必嫂夫人也很支持您扩建厂房吧？"

客户点点头，没有说话，销售员又说道："嫂夫人肯定长得漂亮身材也好，不然您这么优秀的企业家肯定被无数美女追跑了。"

听到这里，客户直接站了起来说道："有需要我再联系你，我想起来今天还有一个会议要开，我必须先走了。"

销售员本想通过这种开玩笑的方式来拉近与客户的距离，没想到对方拒绝了交流，其实这种不合时宜的庸俗话语，往往会让对方产生反感，最终导致沟通失败。

在日常沟通过程中，幽默的沟通方式能够让对方感受到你的真诚，但是庸俗并不是幽默，幽默是一种高雅的智慧，这种智慧是能够彰显个人魅力的，而庸俗的交流方式不仅达不到沟通的目的，反而会对今后的沟通和交流产生不利影响。因此，要提升自己的知识水平，练就高雅的幽默沟通，最终实现顺利沟通。

适度赞美，幽默才不过分

虽然人人都喜欢听赞美的言辞，但并不是任何赞美之言都能够让对方感到高兴和发自肺腑地感受到快乐。在很多时候，幽默沟通也需要一些赞美之词，通过赞美对方，让对方感受到交流的快乐，而这种赞美绝对不是夸大、夸张的言辞，而是别出心裁、适度的赞美，从而打动对方的内心。

赞美一个人时，要学会找到对方的优点，而不是随意赞美，无中生有地赞美对方。所谓适度，就是不能凭空捏造、无中生有，而要做到有理有据。这样的赞美才能让对方感受到快乐，从而才能让对方愿意与你沟通。

曾经有一个男孩，长得十分英俊，并且像极了一位知名的电影明星。每次朋友见到他的时候，第一句话都会夸赞他像某个明星，虽然他不会表现出生气，但是内心感到十分不舒服。

朋友说："你简直就是吴彦祖的翻版。"

男孩："我和他长得不像。"

朋友:"虽然你鼻梁没他挺,但是也可以称为'盗版吴彦祖'了。"

想必这位男孩儿听了朋友这种赞美,内心也是不舒服的。在与人沟通过程中,要学会利用赞美的方式来让对方感受到快乐。而赞美需要把握分寸,掌握一个"度"。

也许在沟通过程中,说句奉承的话,说句半开玩笑的话,并没有什么特殊的含义。但是,要知道这种赞美的方式并不高明,很多时候,虽然是赞美,却也等于在指责对方的缺点。

适度运用赞美的语言,也能够达到幽默沟通的效果。那么如何做才算是适度赞美呢?

第一,间接赞美更显诚意。

想要和别人更加轻松地交谈,那么就需要营造轻松的环境。而赞美多是缓解紧张气氛的一种交流技巧。当然,真诚坦白地去赞美对方,能够让对方感受到你的诚意,当然,这种赞美方式就要求用词得当。因此,赞美之词太露骨、太肉麻,是起不到幽默沟通作用的。当然,如果在社交的过程中,我们担心出现这样的结果,那么我们最好的做法就是采取间接的赞美方式。赞美式的幽默强调自己对某一类事或物的看法,同样会收到不错的效果。我们运用间接的赞美之词,让我们的沟通环境变得更加愉悦,这样做对我们的社交是有利无弊的。

在美国一家宾馆,前台服务人员正在玩手机,此时进来一位男士，他想要住宿。但是恰逢周末，宾馆已经没有空房间了。

"我只需要一间标间即可，我已经找了好几家宾馆了，都没有空房间。"男士再三强调。

"先生，实在抱歉，真的已经没有空房间了。"服务员解释道。

"那您能不能看看哪个房间预订了，客人还没到，您跟客人联系一下，万一有人预订了不来呢？"男士又请求道。

"我可以帮您问问，但是我真不确定有哪位客人不到。您如此文雅，想必您也会理解这个事情，一般周末宾馆都很火爆。"服务员笑着说道。

男士笑着点点头。

要知道要做到从容自如地去赞美别人，这是有一定的技巧的。赞美是一门艺术，而通过适当的赞美达到幽默社交的效果，技巧性则是更强的。就像是画画一样，我们胡乱涂鸦很容易，但要画一幅完美的作品，就不是那么容易了。

在与人交往过程中，我们要实现幽默社交的目的是很明确的，就是为了能够营造良好、愉悦的沟通氛围，而这种氛围的营造有助于我们去进行社交。当然，并不是所有的人都能够通过适当地赞美别人，从而实现幽默社交的效果。

曾经有一位销售人员，想要推销自己的产品，在遇到所有客户的时候，都会赞美客户长得漂亮、长得帅气，甚至会赞美客户的孩子聪明、乖巧，但是很少成交。其实原因很简单，这个销售人员只知道一味地赞美别人,却不知道赞美别人也是有技巧的,而他的这种不切合实际的赞美很可能让客户内心感到尴尬,从而更不愿意与其进行交流和沟通。

事实上,我们在与人沟通的过程中,赞美他人需要的就是在对方人品和性格上下功夫,比如"你咋这么好呢,遇到你我才知道啥是雷锋精神"。当然,要让交流对象感受到遇到你才更开心,感受到更多的正能量。

当然,在适当赞美对方的时候,也应该注意以下几个方面,才能够实现幽默沟通。

要会看"脸色",所谓看脸色就是在你夸赞别人的时候,要多注意看对方的表情。如果对方愿意听你的夸赞,肯定会露出满意的笑容;如果对方觉得你的夸赞不是出于真心或者感到尴尬,那么你不妨停止赞美。这样才能真正实现赞美的意义。

很多人不习惯或者是不喜欢听赞美的话,尤其是不喜欢听陌生人的赞美,这样的人也并不少见。他们认为别人赞美他们都是为了和自己套近乎。因此,这样的人拒绝被赞美。当我们遇到这样的人时,一定要了解对方的性格,了解对方是否愿意听赞美之言,只有这样才能达到赞美的目的。

在用赞美的方法的时候,不妨选择间接地赞美,这种方式不仅能够让交流对象在不知不觉中感受到你的幽默,还会让对方感受到你的个人魅力,从而更愿意与你沟通。

人都有爱听好话的心理，无论是谁赞美他，他都会觉得高兴。因此，要利用好这一点，多学一些赞美的方式，从而达到幽默社交的目的。当然，一个人听到别人的恰当的赞美后，一定不会感到厌恶，但是当你运用不恰当的赞美方式时，往往起不到幽默社交的作用，反而还会让交流对象对你产生反感。因此，要把握好赞美的分寸，做到适度赞美，让沟通对象感受到与你交流的快乐，这样才能实现沟通的目的。

态度友善，幽默不过头

沟通是一种社会文化，这种文化不仅构建了生活方式，更让人与人之间的心灵交流变得更加频繁。沟通是意见变得融洽的途径，是人类解决问题的方法。而幽默的人往往是心怀善意的，他们只不过是想要给人们增加一些快乐而已。众所周知，幽默作为一种特殊的语言艺术，不仅能够给人们带来欢声笑语，还能够让人们体会到沟通的乐趣。在沟通过程中，人们完全可以在那些恰如其分的幽默面前开心地笑。但是，幽默也需要把握一个度，掌握好分寸。

在沟通过程中，我们不仅要注重自己的言语，更应该注意自己的态度，所谓的态度就是指通过表情、眼神、手势等，向沟通对象传达出你对其认可或者是反对的信息。一个态度友善的人，往往能够得到别人的认可。在沟通中，态度友善往往能够打开社交之门。

曾经有一项研究证明，沟通是否能够成功，态度占到百分之六十，而技术和口才占到了百分之四十。由此可见，无论你如何沟通，如果不能放低姿态，对方肯定不能接受；态度好了，才能收到幽默沟通的效果。

那么与人沟通，友善的态度如何让幽默不失分寸呢？

首先，要讲究幽默方式。并不是所有人都适合一种幽默沟通的方式，也就是说选择幽默方式要因人而异。比如你的交流对象性格比较开朗，那么可以开些"国际玩笑"，而对于那些性格比较内向、平时不爱说话的人来讲，一般不要开过分的玩笑。

在一家培训机构，张晓丽是一名 HR 培训师，她擅长与人交流，明白什么样的人适合什么样的培训方法。一次，她的一名学员很不开心地问她："张老师，我做了人力资源这么久，为什么我在公司还不能升职？"张晓丽听了之后，笑着说道："因为你还不是人力资源的'万能工'。"张晓丽笑着继续说道，"你要成为上司的万能小助手，比如他想要别人管理考勤时，你可以；想要别人做绩效时，你可以；想要让别人招聘人才时，你擅长。久而久之，他会意识到你是他的好助手，自然会给你升职加薪。这么一来，你也就变成了人力资源的'万能工'。"

听完张晓丽的话，那位学员也露出开心的笑容。

其次，在与人沟通中，尤其是幽默沟通过程中，要学会避开别人的忌讳。

忌讳或者是因为风俗习惯不同，或者是因为个人生理缺陷造成的，对某些事或举动有所避讳。要知道每个人都可能有自己避讳的事儿，所以，运用幽默交流时，一定要小心避之，不要让自己的话语成为别人"伤口上的盐巴"，否则会让沟通对象产生不悦的心情。

曾经有一位商人，他的鞋子质量很好，价格也不算太贵，但是就是生意不好。无论是进店看鞋的人，还是亲朋好友，成交的比例很小。眼看着自己店铺的生意如此惨淡，他十分着急。

此时，来了一位高个子的客人，他想要一双棕色皮鞋，在客人试穿了一双皮鞋之后，这位商人说道："先生，您身材魁梧，脚太大了，不适合棕色皮鞋，穿上皮鞋之后，脚丫子跟大船一样，还是买一双黑色皮鞋吧，黑色显得脚小一些。"听完商人的话，这位客人脸色突变，说道："我脚大怎么啦，我就买棕色的。"说完扭头走了。

其实不难看出，这位商人说话总是喜欢开玩笑，但是玩笑开得还比较失败。根本不管沟通对象是否喜欢听，这样自然达不到沟通的目的了。

再次，幽默内容一定要高雅。幽默的语言并不代表低俗，在与人沟通的时候，幽默的内容取决于幽默者的思想情趣。要知道只有内容健康、格调高雅的幽默，才能达到启迪别人的效果。而一个善于幽默沟通的人，也总是能够友善地对待别人，而友善在很大程度上取决于你的幽默是否高雅。

最后，不挖苦、不嘲笑别人。挖苦和嘲笑并不是幽默的方法，也并不是幽默的最好方式。在与人沟通的过程中，千万不要用动作或者是讲话来取笑别人，更不要去模仿别人，反而应该学会用幽默的语言去感染对方。幽默的语言应该是很精练的，而不是唠唠叨叨的、啰啰唆唆的。因此，与人沟通不要一味地滑稽俏皮、无止境地幽默，否则你在别人眼里就如同小丑一般，不仅损害了自身形象，也不能达到幽默沟通的目的。

有两个人是好朋友，他们每次一见面就开始相互挖苦，虽然彼此都不介意这样的交流方式，但是在场的其他人都会觉得尴尬。

甲："看你最近胖的，肚子大得跟怀孕了似的。"

乙："怀孕了算啥，你看你的头发多乱，跟刚从被窝爬出来似的。"

……

这样的挖苦交流，可能对于比较熟络的朋友来讲，不会觉得过分，但是会让在场的人觉得尴尬。因此，在与人交流过程中，要避免挖苦别人，否则，幽默沟通将失去意义。

可见，掌握幽默的分寸是非常重要的，在与人沟通过程中，要以友善的态度与人沟通，同时让对方感觉到你善意的幽默。当你轻松幽默地和对方开玩笑的时候，你要学会放松自我，活跃气氛，从而营造出一个适于交际的轻松愉快的氛围，因而幽默的人常常会受到别人的欢迎和喜爱，同时，幽默沟通也能够让自己感受到快乐。

幽默的人多半是友善的人，因为只有友善的内心才能够让这个人变得有幽默感，友善的交流态度能够让我们的幽默变得更容易被接受。因此，在与人沟通过程中，通过幽默沟通让沟通对象感受到快乐，从而拉近彼此之间的距离。

幽默的智慧，识别场合和对象

与人沟通需要做足准备，对于善于利用幽默社交的人来讲，他们知道提前了解自己所要面对的沟通场合，从而根据不同的沟通场合来选择幽默沟通的方式，当然还有的人善于对自己的沟通对象进行分析，从而找到适合的沟通方法。

下面我们就根据不同场合来进行幽默沟通，进行充分的分析。

第一，正式场合。

要知道并不是任何时候，我们都是在正式场合进行沟通的。一些会晤、谈判等场合，都可以称之为正式场合。而在这些场合，我们的行为举止不用过于拘谨，是可以随意进行调换的，但更多的时候，处于正式场合，我们要选择一些比较"隐蔽"的幽默方式，而并非过于直白的、粗鲁的幽默方式。这样的幽默方式不仅不利于社交，更不利于自我形象的建立。

第二，非正式场合。

在一些非正式场合，我们完全不用那么拘谨，在交谈过程中，也可以变得随意一些。在与对方进行沟通的过程中，你完全可以选择比较轻松的幽默方式，比如用比较直接的、语言直白的幽默语言来引得对方开怀大笑。

在生活中，我们经常会在公园里遇到一些老熟人，在此时的沟通过程中，多半说的就是生活中的琐事。一位老人向你抱怨自己的老伴一天到晚就知道出去打牌，根本不管自己。此时，你完全可以劝说道："打牌能够活跃脑细胞，让人大脑得到锻炼，您也可以出去跳舞，跳舞可以让您变得更苗条、年轻。"

想必以这样轻松的幽默方式沟通，对方也会放松心情的。当然，比较轻松的幽默方式，也能够让对方放松内心的戒备，从而敞开心扉，更愿意与你交流。

在不同场合，要选择不同的幽默沟通方式，无论是直白的幽默还是隐晦的幽默，其沟通目的就是为了让对方感受到开心。那么，在生活中，我们究竟要如何识别交流对象呢？

沟通对象又可以叫作沟通客体，即信息的接收者，沟通对象包括个体沟通对象和团体沟通对象。而团体的沟通对象还可以进行细分，即正式群体和非正式群体。要知道沟通对象是沟通的出发点，因而在沟通的过程中，具有积极的能动作用。

首先，在面对个体沟通对象时，也就是我们很常见的一对一沟通，我们的沟通对象是单个个体，这样的交流比较有导向性和针对性。我们与单个人进行沟通，完全可以围绕单个人的喜好和习惯进行。因此，在运用幽默沟通的时候，就可以先了解个体交流对象的喜好，如果对方的性格比较开朗，那么我们完全可以多运用幽默的交流方式，比如开玩笑、说笑话的方式来实现幽默沟通；如果对方的性格比较内向，那么我们就可以少用一些玩笑话。不仅如此，在面对社交个体时，我们还可以根据对方和自己的熟络程度来进行考虑。如果彼此比较熟悉，那么进行幽默沟通的可能性是比较大的；如果不够熟识，还是尽量少与对方开玩笑。

其次，对于团队沟通对象来讲，我们要实现幽默沟通，就需要分辨团队的性质，比如比较活跃的团队，如旅行团队、歌迷会等类似这种不够正式的团队，可以在交谈过程中，选择一些幽默的故事、笑话，作为幽默沟通的辅料。而对于一些比较正式的团队，比如商业合作团队，与这样的团队进行幽默沟通的时候，尽量少用段子，多用一些有内涵的语言。

最后，在识别沟通对象时，一定要注意从对方的角度考虑问题，这样做是为了能够让沟通者与你感同身受，从而更好地实现幽默沟通的效果。如果你只是一味地从自我开心的角度"逗乐"，那么很可能让对方感受不到快乐，也很有可能让沟通陷入尴尬的境地。

在日常交往过程中，我们想要利用幽默沟通来活跃交流气氛，聪明的人都会对自己所处的沟通场合与沟通对象进行分析，而这种分析往往是客观的，也是对自己的幽默沟通有帮助的。对于不同的场合，所要实现幽默沟通的途径是不一样的。同样，对于不同的交流对象来讲，性格和爱好往往能够左右一个人选择感兴趣的事情，从而我们选择的内容也是不一样的。只有对沟通场合与沟通对象进行充分分析，才能够实现真正意义上的幽默沟通。

第二章 幽默有分寸，沟通才顺畅

幽默要有依据，才能避免尴尬

众所周知，一个人的言辞往往需要真凭实据，并不是想说什么就说什么，也并不是说什么都会对自己产生正面的影响。在实际生活中，我们会遇到各种各样的人，在与对方进行沟通的过程中，我们需要做的就是找到言辞的依据。幽默沟通也是如此，需要根据有依据的事情来安排自己的幽默言辞。

幽默的语言需要建立在实际情况之上，比如我们想要用幽默的方式来夸赞一个人身材好，那么起码这个人就不应该是个"大胖子"。否则，我们的这种幽默就变成了讽刺，不仅起不到幽默沟通的效果，反而还会让对方对我们产生反感。

那么，在沟通的过程中，究竟要如何找到幽默的依据所在呢？首先，幽默并不是随便开玩笑，要找到交谈对象身上的"闪光点"。所谓闪光点，就是对方的优点，比如当对方穿了一件漂亮的裙子时，可以用幽默的语言来夸赞对方"今天穿的这裙子瞬间让我以为见到了一个仙女似的，真仙儿"，想必对方听了之后也会心情愉悦。

小光是一家公司的销售经理，他在公司的业绩是最好的，这得益于他善于运用幽默的交流方式与客户交谈。一次，他见到一位妇人，妇人说道："小伙子，你看我买了你们产品之后，有啥变化？"

"年轻了，比我姐都年轻。"小光笑着说道。

"哈哈，你真会说话。"妇人说道，"我说的是我的体形。"

"您看着比之前还要瘦一些。"小光说道。

"是啊，我竟然瘦了，我觉得你们的产品的确有效果，不但瘦了，而且我觉得更有精神了。"妇人继续说道。

其次，我们用幽默社交所说的依据，是真实存在的，而不是需要对方去猜测。尤其是与陌生人交谈的时候，一定要拿一些真实存在的事物作为着眼点，不要将还没发生或者是目前还不存在的事物作为幽默的根据。

甲："你的工作太好了，不仅待遇好，关键是上下班时间点比较固定。"

乙："哪儿有你说得那么好，我们都是打工的人，工作越是舒服，越表明收入低，你说对不对？"

甲："那不一定，以你的实力，将来的中国'比尔·盖茨'非你莫属。"

乙："……"

第二章 幽默有分寸，沟通才顺畅

最后，幽默所找到的依据是真实存在的事物，同时也不能夸大或者是缩小事物，应该遵从事物的本质，不要给人一种夸张的感觉，否则不但起不到幽默的作用，反而还会让对方感受到你是不诚实、不诚恳的人。因此，幽默的依据要尊重事物的本质，不夸张、不炫耀事物的存在。

小李是一家公司的市场部调研人员，每天都需要面对很多客户，对客户进行市场问卷调研。此次调研的产品是他们公司的新款笔记本电脑。

"您认为这款电脑的性价比如何？"小李对着一位戴眼镜的中年男子问道。

"还可以。"男子回答道，"就是电脑的内存不够大，玩游戏怕以后会卡。"

"玩啥网络游戏会卡啊？我们这款电脑可是经过一百多位游戏行家长达三个月的试玩后才上市的。"小李说道。

"你确定你说的一百多位是游戏行家？"男士抱着怀疑的态度问道。

此时，小李哑口无言。

每个人都希望自己成为一个好的沟通者，也希望自己能够运用幽默沟通实现自己的社交目的。然而幽默并非一成不变的，幽默是有底线的，而把控幽默底线的标准就是掌握幽默的依据，正确运用幽默沟通。

臧明辉和张明成是朋友，他们经常会一起出去旅游，因此，两个人也变得比较熟，开玩笑成了他们交流的常态。一次，他们两个人和好几个驴友同行，去青海旅游。

"你今天看起来脸色不好。"臧明辉对张明成说道。

"昨天晚上没睡好。"张明辉回答道。

"我还以为你没洗脸呢。"臧明辉笑着说道。

"我怎么会不洗脸。"张明成感觉很尴尬。

"你不是经常不洗脸吗？"臧明辉继续开玩笑。

"胡说。"张明成生气地走开了。

很多时候，选择幽默社交一定要遵照事实，否则你所开的玩笑很可能让对方感到尴尬，他甚至会拒绝与你继续沟通。所谓遵照事实，就是要有理有据，让你的幽默站得住脚，而不是"信口雌黄"。

每个人对幽默的理解也是不一样的，因此，在你决定用幽默的言语与对方沟通时，一定要考虑到对方的感受，选择真实存在的事实，从而实现幽默沟通，避免陷入尴尬的境地。

开玩笑也要找对人

在与人沟通过程中，如果你想要达到幽默沟通的效果，让交流氛围变得更加活跃和愉快，那么你就不妨开玩笑。所谓开玩笑就是戏弄，而并非真要伤害对方，而是通过语言上看似"恶意"的话语，来让对方感受到你的幽默，从而实现沟通。

有的人习惯性地与遇到的所有人都开玩笑，或者说是不分交流对象地开玩笑。其实，有的人适合开玩笑，有的人不适合开玩笑。因此，在社交过程中，每个人都要对自己的沟通对象进行分析，避免造成尴尬的局面。

那么什么样的人适合开玩笑，什么样的沟通对象不适合开玩笑呢？

第一，开不起玩笑的人。什么样的人开不起玩笑？从性格上来讲，这类人的性格比较僵化，或者说习惯于僵化思维。他们的大脑似乎无法适应和接受来自他人的幽默，大脑缺乏灵动性，会对一些灵活的语言产生抵抗。如果和这类人沟通，应该避免随便开玩笑，否则不但收不到幽默的效果，反而会被理解为取笑而变得更加尴尬。

李梅是一个性格比较耿直的人，在公司担任人事经理，她在工作中比较"倔"，是公司出了名的倔脾气。公司新来了一个销售总监，为人圆滑，善于交谈，在短短一周的时间已经与公司大部分员工熟络了。

一天早晨，这位销售总监来到公司，发现李梅已经来了，并且开始了工作。销售总监说道："李经理，你来得好早，吃早饭了吗？"

"还没吃呢，不饿。"李梅看了销售总监一眼，说完继续低头工作。

"再忙也不能不吃早饭啊，我们可没有卖给公司，干吗这么折磨自己？"销售总监笑着说道。

"我不饿。"李梅低着头说了一句。

销售总监没有再说什么。

在与人交谈过程中遇到这种性格比较僵化的人时，我们要避免与对方开玩笑，可以运用其他比较"中规中矩"的方式与对方交谈。

第二，爱面子的人。对于这种人来讲，他们多半是对自己的某些方面缺乏足够自信心的。或许正因为如此，他们才更加在乎别人对自己的看法和评价。当你在他人面前，说出针对他个人的幽默言辞时，别人可能会哄堂大笑，这会让此类人顿感脸面全无。他们不但不会感受到你的幽默，还会将你的话当作是一种讽刺，甚至会怀恨在心。因此，与此类人交谈时，避免在众人面前与对方开玩笑，即便是只有你们两个人在交谈，也要避免随便开玩笑。

小张性格比较活跃，在中学时就是班级里的开心果，他喜欢与别人开玩笑。而小葛家境不太好，性格比较内向。

在同学聚会的时候，小张和一群同学交谈，不知道谈到什么事情，小张突然想起来了小葛，便说道："小葛，听说你女朋友家境特别好。"

"还好吧。"小葛说道。

"你这也算是苦尽甘来了。"小张开玩笑地说道，其他同学听完之后，也笑了。此时，小葛感到似乎被别人羞辱了，生气地离开了。自此，小葛再也没有参加过同学聚会。

第三，心里伤感的人。对于这种人来讲，他们或是因为情感因素，或许受到社会伤害，从而造成了他们消极的情绪。这样的人，是不可以对他幽默的。尤其是，在对方刚刚受到心理创伤之后，我们是绝对不能和他们开玩笑的。否则，后果可想而知。

第四，隔着辈分的人。众所周知，我们崇尚尊老爱幼，那么对长辈一定要尊重，把握分寸。因此，对长辈，尤其是对比较严肃的长辈一定不要总是嬉皮笑脸，随便开玩笑。因为一些言辞不当的玩笑话，长辈人自觉挂不住脸面。

第五，性格过于内向的人。这样的人多半不愿意与人交流，更不善于社交与沟通。在与此类人沟通的时候，要做到中规中矩，即便你想要活跃气氛，也不妨选择一些比较简单的幽默方式，而并非嘲讽的玩笑话。否则，对方会拒绝与你沟通。

李玉是一家商店的售货员，她擅长与人交谈。

"您想要买点什么？"李玉正在与一位客人交谈。

"不知道，我看看。"客人边看手边的商品，边说道。

"既然您都不知道买什么，那您告诉我您买东西打算做什么用呢？"李玉又问道。

"送朋友。"客人继续说道。

"男朋友女朋友？是送女朋友的吧？"李玉笑着说道，"我跟您讲，送女朋友东西一定要精致，因为女生都喜欢精致的东西。"

"只是一个朋友。"客人不耐烦地说道。

"那就是还没发展成女朋友，这个时候更应该买点精美的东西送给对方了。"李玉继续说道。

听完李玉的话，那位客人转身离开了商店。

幽默是一种智慧，而选择幽默交谈的对象，也是一种智慧。当我们分清楚对方适合幽默交谈的时候，我们才能够开玩笑。不要遇到人就随便地与对方开玩笑，也不要想起来什么就说什么，并不是所有人都适合开玩笑的。

懂幽默的人，会将幽默所带来的快乐传递给其他人，而不懂幽默的人，可能会因为自己的幽默伤害到别人的内心。因此，选择正确的幽默对象，才能够让自己的幽默沟通变得有价值。

幽默不揭短，搞笑不失真

常言说得好："打人不打脸，说话不揭短。"句中所说的"揭短"，其实就是指揭露其他人的短处。要知道，"短处"其实有两侧意思：第一层意思是指别人的毛病和缺点；第二层意思指的是对方心灵上的隐私，或者是已经补救的某种过失或欠缺。在与对方沟通的时候，一定要注意千万不要揭露对方的缺点，或者是将自己的快乐建立在别人的"痛苦"之上，这里的痛苦指的就是别人的短处和缺陷。

我们在运用幽默沟通的时候，一定要注意，千万不要将别人的短处当作是自己幽默的落脚点，更不要让对方觉得自己是在利用他的弱点来开玩笑。否则，我们的社交不会成功，对方也不会接受我们的幽默沟通，反而让彼此关系变得疏远。

那么与人沟通，要做到哪些方面才不会出现"揭短"的情况呢？

首先，不逞口舌之快。

有的人在与人沟通中，总是无法管住自己的"嘴"，当话匣子一打开，就控制不住自己的嘴，该说的不该说的都会说出来。尤其是当对方说的话顶撞到自己时，更是会义无反顾地进行回击，而回击的过程就是不遗余力地揭对方的短。因此，无论与谁交谈，都要管好自己的嘴，不逞一时口舌之快。

其次，不随便攻击对方。

在沟通过程中，我们很可能会遇到一些不够友善的人，他们的话语可能充满攻击的色彩。此时，我们不要随便去反击，或许换一种幽默方式，会让你们的沟通更加顺畅。

著名演员闫妮和黄渤一同接受采访，闫妮开玩笑说，黄渤给她的第一印象就是丑，当自己知道要和黄渤演对手戏的时候，她以为自己要进入丑星的行列。

而听了闫妮的话，黄渤不但没有生气，反而回答道："我觉得和你拍戏，是我要走向帅哥的行列。"可见黄渤是一个善于运用幽默的人。

最后，要看到对方的长处，忽略对方的短板。

每个人都有缺点和不足，甚至有些人还会有先天的缺陷，而面对此类人，我们在与之沟通时，要学会避开对方的缺陷，多看对方的长处。只有这样，才能在交流中避免以对方的短处为"焦点"。比如，当我们看到一个人身材魁梧但是脚很小的时候，我们应该在内心强调此人魁梧，而并不是强调此人的脚小。

第二章 幽默有分寸，沟通才顺畅

我们在社交过程中，应该避免"揭短式"搞笑，这就要求我们调整好自己的心态，避免出现以下几种现象。

第一，避免抓住别人缺点不放。我们在与自己熟悉的朋友交谈的时候，可能会很愿意与对方进行一些幽默的互动，比如用讽刺的语言来达到幽默的效果。但是此时的讽刺也是有限度的，也并不是对方哪些方面都能讽刺。

小张是一个爱美的女孩儿，但是她长得比较黑。因此，经常会有人拿她的黑皮肤开玩笑，她已经习惯了别人说自己黑。

小张的好朋友小李，长得漂亮，身材也好。小李经常会说小张是"黑张"，小张本当作是开玩笑，一笑而过。但是一次，小李在给自己新男朋友介绍小张时，指着小张随口说道："这就是我经常给你提到的我的闺密'黑张'。"小张听完对方的话，内心充满了不悦，从那以后，小张就逐渐与小李疏远了。

第二，不要忽视别人的缺陷，粗心大意的语言也会伤人。有的人可能在交谈过程中，会忘记对方的缺陷，这样一来在兴奋时可能会忽视对方的缺陷，从而无心地说出"揭短"的话语。

张开因为一次车祸，左眼失明，只能安装假的眼球。这件事情只有他的亲人和几位好朋友知道。

一次，张开与好朋友王悦去参加聚会，王悦在饭桌上兴奋地讲述自己的感情史，说到请女孩子看电影时，他不停地讲述独眼海盗的事情，这就让张开感到十分尴尬。

第三，别人忌讳的事情或者是话语不要随便乱讲。有些人是忌讳提到一些事情的，这些事情可能是他们经历的往事。他们不愿意再次提起，也不愿意让别人知道。对于这样的事情，在沟通过程中，我们就要尽量避免谈及。

张敏因为年轻时一时糊涂犯错进了监狱，在监狱中度过三年时光之后出狱，这段经历是他不想提及的，也是他这辈子不想被别人知道的事情。

而他的好朋友刘淼正好知道这件事情，在一次饭桌上，刘淼给自己的朋友介绍张敏的时候，故意强调他是"进去过的人"，还不停地唆使他讲述在监狱里发生的事情，这让张敏感到十分反感，随后，他愤然离去。

在与人沟通过程中，我们需要照顾到对方的心情，同时避免以别人的短处为幽默沟通的跳板，更不要将自己的快乐建立在伤害对方自尊的基础之上。每个人都有自己不想被提及的事情，而这些事情就是对方内心最为脆弱的地方。因此，我们的幽默要避开别人的短处与缺陷，只有这样才能让我们的沟通不陷入尴尬境地，才能让我们的幽默不招人反感。没有人不喜欢听幽默的话语，只是我们的幽默要掌握好度，不能让别人感到痛苦。因此，搞笑要考虑别人的感受，玩笑话不是随便给别人的伤口撒盐。

第三章
CHAPTER3

幽默有技巧
沟通有诀窍

夸张式幽默，让沟通更顺畅

什么是夸张式幽默，顾名思义，就是将事实进行夸张，营造出喜剧效果，这是一种产生幽默的方式。在与人沟通过程中，这种幽默的方式也是很常见的，我们可以通过语言、肢体等方面的故意夸张表现，达到幽默沟通的效果。

在实际的交往过程中，我们经常会遇到一些夸张的幽默方法，那么我们不妨对夸张式幽默的展现途径进行以下分析：

第一，肢体语言夸张，造就幽默感。

运用肢体语言的夸张表现，实现幽默社交。那么肢体语言包括哪些呢？比如我们的动作：站、立、行、走等。

一位想要升职加薪的员工，跑到部门经理那里，向部门经理问道："经理，我最近的工作您是否满意？"

"当然，你最近表现得很好。"经理笑着说道，并站了起来。

"那我什么时候可以升职加薪？"这位员工继续问道。

这位经理不慌不忙地走到门口，突然停住，说道："等你能够独自迈过门槛,走出去的时候,我会给你升职加薪。"

听完这位经理的话,这位员工迅速走到门口,大步迈出门槛,说道:"现在我已经独自迈过门槛,达到您刚说的升职加薪的要求了。"

顿时,经理与这位员工都笑了。

第二,通过夸张的面部表情,实现幽默沟通的目的。

我们与人交谈,经常会运用到自己的面部表情,无论是哭、笑,还是愁眉不展,都属于面部表情。

在一次聚会中,小王与小李认识了,他们发展为好朋友。在一次交谈中,小王夸赞小李人实在也有责任心。小李故意做出女人害羞时的表情,逗得小王笑不拢嘴。

第三,通过夸张的事实来实现幽默社交。

很多时候,夸张事实就是将原本没有那么严重的事情说得严重,这样做多半是为了化解尴尬的社交氛围。

曾经有一次,美国前总统林肯因为感觉自己身体不适,不想接见在外等候索要官职的人。但是,索要官职的人死活不愿意离开。此时,林肯的私人医生走了进来,林肯让其坐下,并伸出自己的双手,问道:"医生,你看我手上的斑点到底是怎么回事?"医生说道:"恐怕我要给您进行检查了。"林肯继续问道:"我看这些红色斑点会传染,我发现我的侍卫身上也有这样的斑点。"医生回答道:"没错,非常容易传染。"

那位来客听了医生和林肯的对话，马上站起来说道："总统先生，我只是想要来拜访一下您，看您身体不适，我就不打扰了。"说完扭头就走了。林肯与医生的虚张声势，将这位来索要官职的人吓跑了。他走之后，林肯和医生都笑了。

夸张式的沟通，并不代表着能够随便夸大或者缩小事实，也是要遵从适当适度原则的。

首先，在一些比较严重的事情面前，不能随便曲解或者是夸张。比如当你的交际对象因为某件重要的事情，需要向你咨询，这个时候我们就不要用夸张式的幽默了。否则，可能会影响到对方对你的印象，同时也达不到幽默沟通的效果。

牛亮因为孩子上小学的事情犯愁，此时，正好碰到邻居张杰明，张杰明的女儿去年刚升了初中。牛亮眼前一亮，心想不妨咨询一下张杰明，便在简单寒暄几句之后说道："杰明，你女儿上的是哪家初中啊？"

"就是离咱们这里最近的第一中学啊。"杰明说道。

"我儿子学习成绩不好，我怕他去不了这所学校。"牛亮说道。

"好好管管孩子，你也别每天都打麻将了，有空多陪孩子一起学习。"张明杰说道，"不然让孩子长大了跟我们一样，天天去工地上打工？"

牛亮本身就文化水平不高，听完张明杰的话，更觉得尴尬了。

其次，夸张式的沟通要避免带有讽刺的话语，如果讽刺对方，并且运用的语言又比较夸张,势必会激怒对方,甚至让对方产生厌恶感。运用夸张式幽默一定要注意说话的语气,只有这样才能够实现幽默社交的目的。

最后,夸张式的沟通,需要我们具备充分的想象力,而对于想象力不充分的人来讲,可能不适合运用夸张式的沟通技巧。因此,在日常生活中,我们要多锻炼自己的夸张式沟通技巧。

夸张式幽默可以从多个方面进行考虑,比如可以从事物的本质着手,也可以从事件的起因着手。与人沟通也可以从对方的外表、形象、穿着等方面展开夸张式幽默。善于运用夸张式幽默,不仅能够让我们的幽默感更强,还能够让所有人更愿意与我们沟通。

幽默类比，幽默感更强

什么是类比法幽默？它指的是将两种或两种以上看似毫无联系的甚至是相反的事物放在一起进行对照和比较，从而表现出不伦不类，揭示出其差距，表现出不协调。

在生活中，整体表现出来的是和谐统一，而内容和形式上可能会表现出不同，所以人们的愿望和结果，甚至是理论与实际也会表现出不同，于是就形成了不协调、不和谐的对比，这种强烈的反差肯定会产生幽默感。

我们经常会看到电视上唱二人转的演员，一般是由两个人组成，一男一女。女士比较漂亮，可谓浓妆艳抹；男士则多半比较"寒碜"，不是个子矮，就是长得丑。这种两个人形成鲜明的对比之后，自然而然会给人视觉产生强烈的冲击，从而让人们感受到幽默与快乐。

其实上述案例就是类比幽默法。要知道类比是根据两种不同的事物，在某些属性上的相同，而且已知其中一种事物还有其他属性，从而形成对比，从而不失幽默感。

有五个人搭乘一架飞机，除了飞行员之外，剩下的人分别是高官、商人、教授、神父、学生。

不幸的事情发生了，在飞机飞到最高处时，出现了故障，将要坠毁了，但是飞机上只有五套降落伞。

飞行员最先发现飞机的故障，他拿了一套降落伞，跳机求生了。

高官说："我的权力最大，我不能这样死去，还有很多事情等着我去做。"说完抱着降落伞跳了下去。

商人说道："我是最有钱的，我有一个很大的商业帝国，我生还之后会照顾你们的家人，所以我不能死。"商人也跳伞了。

教授见状赶快说道："我最聪明，我必须生存下来，因为我还要做学术研究。"慌忙之际，教授也跳了下去。

神父看到其他人都跳伞了，说道："孩子，你逃生吧，我愿意去天堂见主。"

学生说道："我们还有两套降落伞，因为刚才自称最聪明的人背着我的书包跳了下去。"

这则故事十分幽默，这就是通过类比来达到幽默的效果。因此，在与人沟通的过程中，不妨选择事物的差异点，从而找到最具反差性的一面进行对比，这样产生的效果往往是最好的。

还有一种类比法的幽默，就是选择两种不相干的事物，它们在某一方面有相似之处，从而形成类比，这种比较往往也能够让我们感受到其反差，从而实现幽默沟通。

在初中的时候，学校要求学生必须穿校服来上学，学校所有学生都遵从这条规定，只有一位新转学来的学生从来不穿校服。因此，教务处的老师就蹲在门口进行检查，想要惩戒一下这位新学生。

这日，这位学生依旧没有穿校服，教务处老师问道："其他学生都穿校服，为什么你不穿？"此学生勃然大怒，冲老师吼道："我妈又没死，我为什么要穿孝服？"

老师听完他的话，当场无言以对，旁边的学生也哄堂大笑。

"校服"和"孝服"是两种没有联系的物品，但是它们的共同点有一个，就是发音很类似。因此，这个调皮的学生利用了这点，形成了类比式幽默。在与人沟通过程中，我们经常会遇到一些自己并不熟悉的事物，因此，在找到可以类比的方面时，可能就变得比较困难。

那么，如何选择事物类比的方面，达到更好的幽默效果呢？

首先，选择差异性最大的那方面。比如一个长得很漂亮的美女与一个长得很丑的男子，这种差异性比较大，并且能形成鲜明的对比。这种类比不仅能够突出事物的不同，更能在对方内心产生强烈的反应，实现幽默的效果。

其次，可以选择两件事物中，大家都不熟悉的共同点来进行类比。比如石头与玉的特质，都是很硬。类似这种具有共同点的方面进行类比，也会产生幽默的效果。

最后，对同一事物，在不同时期的表现进行对比。比如树叶在夏天是绿色的，在秋天是黄色的，等等。类似这种同样的事物，呈现出不同的状态。

曾经一位作家给某个大学的学生举办讲座，在讲座快要结束的时候，他设置了一个学生提问环节，无论学生提出什么样的问题，他都会率直地回答。

在回答了很多问题之后，突然一名女学生问道："为什么您总是在给我们讲述一些美好的事情，难道这个社会就没有阴暗面吗？"

这位作家笑了笑反问道："这位学生你喜欢拍照吗？"女学生点点头，作家继续问道："那你为什么总是喜欢在皮肤光泽的时候拍照，而不是选择在长痤疮的时候拍照呢？"

问完之后，在场的所有学生都笑了。

对于这位作家来讲，这位女生提出的问题本身就是比较尖锐的，作为聪明的回答者，就应该选择一种更为巧妙的方法来应对，而这种类比式的回答，能够让对方既无法还击，同时也能够达到幽默沟通的效果。

在与人沟通过程中，我们会遇到各种各样的人，也会遇到各种各样的事情。因此，当我们的交流对象所提出的问题比较"尖锐"

时，我们不妨选择类比式的交流方式，从而避免让交流气氛变得尴尬，也能避免自己陷入沟通的被动状态。

当然，选择类比式的幽默也要注意一些问题，比如，我们所说的话不能太过庸俗，不要让自己落入俗套，同时也要尽量避免让交流对象下不来台。因此，要掌握幽默的度，不能具有讽刺意味，更不能让自身陷入尴尬境地。善于利用类比式幽默的人往往能够很好地把控自己的交流环境，从而让沟通变得更加顺畅。

像相声演员一样"抖包袱"

什么是抖包袱？其实，抖包袱是相声术语，在说相声的过程中，演员会揭晓之前设置的一些悬念，或者是将已经酝酿好的笑料的关键部分说出来，最常见的就是笑话，而往往笑话最好笑的部分就是最后一句话。那么，与人沟通过程中，要运用幽默沟通，就要学会像相声演员一样抖包袱，让你的笑料充斥在你的沟通过程中，最终实现幽默沟通。

那么，要实现抖包袱式的幽默沟通，就要做到以下几点：

首先，在生活中多积攒幽默点。现在是信息化社会，通过网络，我们能看到很多搞笑的视频或者是信息。因此，我们要做的就是按照自己的习惯，多记忆一些有笑点的事情或者是笑话。这就要求我们能够发掘生活中的幽默点，从而记录下来，以便与人沟通时使用。

其次，我们要善于运用幽默的笑话或者是幽默的故事。很多人看过很多幽默的笑话，但是在与人沟通时，不知道如何去运用，或者说不知道什么时候讲出这些幽默的笑话才能达到活跃气氛的效果。因此，在与人沟通过程中，要学会找准时机，找到表述幽默语言的机会，并在恰当的时候说出来，只有这样才能达到良好的效果。

最后，抖包袱式的幽默沟通也要看沟通对象是否了解你所说的笑话。否则，你说了一堆笑话，但是对方不知道这个笑点，这样很可能让你们的交流陷入尴尬的境地。因此，抖包袱式的幽默不是讲冷笑话，要避免自己所说的笑料变成冷笑话。

既然我们了解了抖包袱式的幽默沟通需要注意的方面，那么，我们不妨学习一下如何在实际沟通中抖包袱。

第一，学会酝酿"包袱"，为最精彩的笑点做充足的铺垫。经常看相声的人都知道，往往在逗笑的那句话出来之前，相声演员都会说很多情景或者是讲一个故事，为"包袱"做铺垫。我们在与人沟通过程中也是如此，要学会创造情景和场景，为最后那句逗笑的话做铺垫。

曾经有一位记者，要做一个关于婚姻调研的访谈，他需要采访各种职业的人，从而完成他的调研。

这天，他采访了一位年过六旬的老大爷，老大爷年轻时是卖水泥的，他长得个子不高，皮肤黝黑；而他的老伴个子高挑，年轻的时候肯定十分漂亮。

"大爷，您年轻的时候是卖水泥的，您是怎么追到大妈的？因为我看大妈年轻时一定是个美女。"记者笑着问道。

第三章 幽默有技巧，沟通有诀窍

"我也不知道她怎么会看上的我。"大爷笑着说道。

"那大妈年轻的时候是做什么工作的呢？"记者笑着问道。

"她年轻的时候是做售货员的，并且卖的是珠宝哦。"大爷很自然地说道，"我记得当时我去参加同学的婚礼，婚礼结束之后，我就在一家珠宝店门口等车。我看车还没过来，天气也热，我就去珠宝店随便看看，顺便吹吹空调。进去之后，你大妈正好是售货员，热情地问我，要买点什么。"大爷停顿一下继续说道，"我当时很好奇，便指着黄金问道：'这玩意儿多少钱一吨？'没想到，后来我们俩就结婚了。"

记者听完大爷的话，捧腹大笑。

第二，通过激烈的态度反差，也能达到"抖包袱"的幽默效果。很多时候，我们所听到的好笑的故事，或者是笑话，并不是其语言有多幽默和可笑，而是通过态度上的反差流露出幽默感，从而实现幽默沟通的。

在一个办公室里，新来的教务处主任正在严肃地批评工作多年的王老师："这种题你怎么也不会，真不知道你是怎么当老师的！"

王老师一脸惊讶地拿过教导主任手中的试题，看了几眼，将试卷往桌子上一扔，吼道："我为什么要会这些英语题，我可是音乐老师。"

第三，多个笑点连续"抖"出，是讲究笑料的搞笑层次的。如果你想要在沟通中设置三个笑点，那么就要一个笑点比一个笑点更好笑，只有这样你连续"抖包袱"才算是成功，才能达到幽默沟通的效果。

第四，"抖包袱"要保证交流对象明白你想要说的是什么，要考虑到沟通对象的理解程度。因此，这就需要你在设置笑点的时候，从沟通对象的角度出发，多想一想自己设置的笑料对方是否会觉得可笑，或者对方是否能够理解自己讲的幽默。如果对方无法理解你所说的幽默，那么，势必就会变成冷笑话，让彼此陷入尴尬的境地。

一个男士因为加班到很晚，所以下班决定打车回去，可能是因为太晚了，路上的的士也很少。此时正好过来一辆的士，他上了车。开了一段之后，路边有一个美女在招手，司机问道："顺路拉一个美女可以吗？"

男士虽然不情愿，但还是同意了。美女上车之后，男士询问乘车路线，发现美女与自己是相反的方向，他正要说话，司机看着男士说道："我不要你钱了，你可以下车了。"

其实司机并不是真的要赶这位男士下车，而是为了表明他希望男士能够允许他送这位女士到目的地。如果男士不懂得司机话里的意思，恐怕他就会真的下车了。

在沟通过程中，我们希望能够通过自己的幽默语言来让交流环境变得更加顺畅，而不是变得尴尬。因此，就要学会在交流过程中"抖包袱"，就要学会如何将幽默感发挥到极致。沟通高手善于利用平时积攒的幽默故事或者是笑料，来让沟通变得无比顺畅。

一语双关，话中有话的幽默

一语双关，指的就是一句话包含两种意思。在生活中，我们经常会听到一些一语双关的词语。而与他人沟通时，也可以借助一语双关的效果，实现幽默沟通。当然，并不是与任何一个人沟通，都可以直来直去地交流，有时候不妨学学话中有话的幽默沟通。

幽默沟通不仅是为了能够获得好的沟通效果，更多的是为了能够让沟通变得更加顺畅。而沟通不顺畅往往表现出尴尬的气氛，所以幽默沟通的另外一个作用就是化解尴尬的沟通气氛，甚至是为了在沟通中占有上风，在不见锋芒处击败别人的恶意。

看过电视剧《铁齿铜牙纪晓岚》的人肯定记得这个精彩的片段：

纪晓岚与和珅同朝为官，纪晓岚任职侍郎，和珅则是尚书。两个人无论在官场上还是生活中，经常会互损。

一次，他们二人同饮，和珅看到一条狗，心中暗喜，指着一条狗问："是狼（侍郎）是狗？"

纪晓岚一听自然知道和珅话中有话，他是在骂自己，纪晓岚回答："垂尾是狼，上竖（尚书）是狗！"和珅听完，无言以对，只好作罢。

像这样一语双关的交流，在表面上让自己占据了沟通的主动权，同时也能打击对方的恶意讽刺。因此，使用一语双关的幽默交流方法往往能够起到以下几方面的作用：

第一，起到暗示作用。当我们在与人沟通时，有些话不方便直来直去地说出来，就不妨选择这种一语双关的交流方法，从而让对方从自己说出的话中品味出其他的意思，从而达到交流的效果。

在一个编辑部，新来了一位年轻的作者，他兴高采烈地将自己手中的作品递到了总编面前。总编看了他的作品以后问道："这篇小说真的是你自己创作的吗？"

那位年轻的作者说道："是我自己写的，我可是苦苦构思了两个月，然后写了一星期才完成的，创作真的太苦了。"

总编苦笑了一声，说道："伟大的高尔基先生，您是什么时候复活的呢？"总编大发感慨。听了总编的话，这位年轻的作者起身离开了。

其实，这位作者很明白为什么总编会有这样的感慨，因为他的作品是抄袭高尔基先生的，并非他自己创作的。总编这样的感慨，就是话中有话，这样不仅暗示了作者的抄袭行为，还能够让彼此的交谈不至于太过尴尬。

第二，起到委婉拒绝的作用。在与人沟通过程中，很多时候面对别人的请求或者是建议时，我们不好当面直接拒绝，而这种一语双关的交流方式，能够既帮助我们达到拒绝别人的目的，同时也不会让对方觉得太尴尬。

曾经有一位销售员向一位男顾客推销衬衫，说道："先生，买一件衬衫吧，它的质量特别好，它的寿命将和您一样长。"

男顾客听了不禁一笑："我可不相信我会死得那么快。"

男顾客的这句话表现出了他对衣服质量的怀疑，同时其言外之意就是不想买。这种一语双关的交流方式不仅能确切地表达出自己的想法，更能让对方明白自己的决定和意思。

第三，一语双关的语言生动活泼，幽默诙谐，饶有趣味。一语双关运用得当，就能够让交流变得诙谐、幽默。

阿力是一家理发店的老板，他对面的店铺是个水果店。水果店的老板蛮横不讲理，经常欺负相邻的店铺，来阿力店铺理发，三次能有两次不给钱。

这天水果店老板又来阿力店铺理发，阿力照例给他剃头，头剃得差不多的时候，阿力问道："张老板，眉毛要不要？"

"废话，当然要了。"水果店老板说道。

阿力嗖嗖两下，将水果店老板的眉毛剃了下来，说道："要，那就给你吧。"

水果店老板看到自己眉毛被刮下来了，气得说不出话，这个时候，阿力又问："胡子要不要？"

水果店老板急忙说："不要不要。"

阿力嗖嗖两下，将胡子刮下来扔到了地上。

阿力看到自己的眉毛、胡子都被剃了下来，气不打一处来，但是又不能责备阿力，他只能怪自己没理解清楚阿力话的意思。

既然一语双关、话中有话的交流方式有这么多的好处，那么一语双关的交流方法在什么时候可以运用呢？

首先，一般选择一语双关的幽默沟通方法时，交流对象往往是自己熟悉的，对方是了解自己性格的人。对于陌生人来讲，如果刚开始交流你就用这种方法交流，对方可能会觉得你太过随意，甚至不明白你要表达的意思是什么。

其次，使用一语双关时的幽默往往是含蓄的，并不是直白的。因此，在使用一语双关式幽默时，一定要注意自己的交流语境是否适合含蓄型的幽默。否则，就会达不到幽默沟通的效果。

最后，使用一语双关并不意味着就是在讽刺对方。因此，要合理利用双关式的幽默，要根据具体交流语境与沟通内容决定是否使用一语双关的幽默方式。

一语双关式的交流能够让我们的幽默变得更加含蓄，能够让我们在日常生活中，拉近与交流对象的心理距离。善于运用双关式的沟通方式，让我们的意思更容易被对方理解和接受。

诙谐故事，笑声不断

幽默沟通最直接的方法可以说是运用一些诙谐、幽默、风趣的小故事来与对方进行沟通，幽默的故事会直接触动沟通对象的笑点，从而瞬间实现愉快沟通的效果。因此，在与对方沟通的时候，应选好时机，穿插讲一些幽默诙谐的故事，从而达到沟通顺畅的目的。

要想在沟通过程中，让对方笑声不断，就要多寻找搞笑的点，这就需要在日常生活中多积累幽默的故事，看到幽默的笑话或者是段子，都要铭记心中。只有这样，在恰当的时候才能够运用。

运用诙谐的故事进行幽默沟通，要注意哪些方面的问题呢？

第一，要做到随机套用幽默法。什么是随机套用幽默法？它指的是将我们要讲的幽默故事与当时正在谈论的话题进行无缝衔接。这种幽默法注重的是灵活地套用和自由转换幽默故事，要求能够根据自己所处的环境来即兴发挥。

张大千是中国近代书画大师，他给我们的印象是留着长胡子，他的朋友经常会拿这个事情来取笑他，甚至会拿他的胡子开玩笑。

这天朋友来家里喝茶，又开始拿他的胡子做文章。开始张大千并没有说话，紧接着他清了清嗓子，平和地给朋友们讲了个故事：

在三国时，刘备率师讨伐吴国，关羽的儿子关兴和张飞的儿子张苞随军出征。他们两人都想为父报仇，便开始争当先锋，这让刘备感到十分为难。刘备想了想，说道："你们各自说一说自己父亲生前的功绩，谁的父亲功大，就让谁当先锋。"

张苞听完，迅速说道："我父亲当年英勇无比，他三战吕布，喝断当阳桥，夜战马超……"

张苞说完之后，刘备点点头，此时轮到关兴讲述了，他心里一急，半天憋出一句话："我父五绺长髯……"说完这句，再也没有了下文。

这时只见云端出现一道亮光，关公显圣，冲着关兴大声骂道："你这个不孝子，老子生前过五关斩六将的事情你怎么不讲，却在老子的胡子上做文章！"

听完张大千讲的故事，在座的朋友无不大笑。

张大千巧妙地讲述三国故事，这不仅使自己摆脱了众矢之的的沟通困境，而且也起到反击嘲弄的目的。可见，巧妙运用幽默故事的作用是很大的。

掌握一些幽默故事，不仅要学会灵活运用，更要懂得如何套用故事，让自己的观点表达得更为明确，从而解决自己面临的交流困境。在使用随机套用幽默法的时候，最重要的一点就是将自己所讲的幽默故事和当时的话题严丝合缝地衔接起来。

分清场合。不同的场合，选择的故事也是有所区别的，在不同场合，要选择合适的故事，否则，便不会达到顺畅沟通的目的。

张猛和几个朋友出去吃饭，每次吃饭都是张猛出钱，这次张猛开玩笑地说要AA制，不料其中一个朋友说，要给大家讲一个笑话。

曾经一个人去饭店吃饭，点了两个素菜，吃着吃着却发现清炒油麦菜里面有条虫子，他便将老板叫了过来。他指着那盘子清炒油麦菜，问道："老板，你这清炒油麦菜是荤菜还是素菜？"老板回答是素菜。"那我的菜里怎么有虫子？"老板不慌不忙地说道："这条虫子是来吃饭的。"他继续说道："我付钱，凭什么让它吃？"那位老板无奈地说道："它为了吃这顿饭把命都丢了，你还要求它AA制啊？"

讲完故事，在场的人都笑了。

分清交流对象，从而选择更适合的幽默故事。对于不同的人，选择的幽默故事也是不同的。因此，在选择讲幽默故事之前，一定要先对交流对象进行分析，看对方是否愿意听故事，愿意听什么样的故事。

张明是一家公司的老总，他一个朋友的妻子天天打电话给他，目的是为了向他推销保险,但是张明并不想买,也不好意思总是拒绝对方。

这天,这位女士找到了张明的公司,并且打扮得十分耀眼,目的还是希望张明能够买点保险。张明说要给女士讲个好笑的故事,张明讲道:"狮子读了《三国》以后决定去抓野猪,见猪窝里竟然没有一头猪,便摸摸自己的胡须,说道:原来是空城计。当狮子转身要离开时,发现在兽夹上有一头死猪,大惊喊道:苦肉计。这只狮子想要离开时,扭头看到了一头头戴红花的野猪,笑着说道:哟嗬,还有美人计。"

张明讲完这则故事,那位女士便笑着找了个理由离开了。

在现实生活中,每个人都希望自己能够应付各种各样的交流对象和交流场合,从而达到良好沟通的目的。然而并不是所有人都愿意与自己进行友好沟通,甚至会有人故意来讽刺你,此时,你要学会用一些幽默故事来反击对方,这样做不仅不会让自己陷入尴尬的境地,还会让对方无法再继续攻击自己。当然,运用诙谐的故事来进行沟通,往往能够引得交流对象开怀大笑,从而让对方愿意与自己交流沟通。

第三章　幽默有技巧，沟通有诀窍

自嘲式沟通，让交际更流畅

自嘲，是一种充满魅力的交流方式。自嘲的沟通方式，不仅可以活跃谈话的氛围，还能消除紧张。在人际交往过程中，如若在人前蒙羞，处境尴尬时，要学会用自嘲的方式来应对自己所处的困境，自嘲式的沟通，不仅能够让你找到台阶，更能够产生幽默的效果。所以自我解嘲，让自己先幽默起来，这是很高明的一种脱身手段。

当然，自嘲也是要讲究适度原则的，那么怎么样做到适时适度的自嘲呢？

学会用自己的特点来开玩笑。这里说到的特点，多半是指自己的某些缺点，甚至是某种缺陷。自己主动地将自己的缺点说出来，这不仅能够表明自己战胜了自卑心理，同时也是一种积极乐观的表现，这份气度和勇气自然也会为你增添魅力。

曾经有一位作家，他在文章中谦虚地说自己花了十年时间才发现自己没有写作的才能，然而一位读者来信对他说："你现在改行还来得及。"这位作家也给这位读者回了一封信，写道："亲爱的读者，现在已经来不及了。我根本无法放弃写作，因为我实在是太有名了。"随后这封信被刊登到报纸上，人们还笑了很长时间。

事实是这位作家想要用自嘲的方式来表明自己的幽默，而这位读者缺乏幽默感，根本没明白这位作家的意思。这位作家用这种幽默、迂回的方式回信，既能够保护那位读者的自尊心，又保护了自己的荣誉。

自嘲，亦是自贬，要知道，自嘲的目的并非单纯地拿自己的缺陷来开玩笑，而是要故意贬低自己，从而起到褒扬对方的作用。所以自嘲也是为了能够与人很好地进行交流，达到愉悦对方心情的目的。

记者采访著名童话作家郑渊洁，问郑渊洁"为什么选择写童话故事"，他回答道："我是一个懦夫，不愿意像刘胡兰那样改变世界，就只能通过写童话逃避现实了。"当时记者听后便笑了。

第三，学会用自嘲来拉近距离。在交往过程中，紧张的氛围会让彼此的关系变得疏远，不利于进行深层次交流与沟通。通常，开自己的玩笑能够让他人的精神压力得到缓解，从而让人觉得有人情味，交流过程也能够变得坦然。

第四，可以拿自己的长相或是自己做过的"糗事"来进行自嘲。在与人沟通的过程中，如果我们的事业、能力可能引起沟通对象的妒忌或者畏惧，那么，我们不妨试着去改变这种现象，用自己做过的一些可笑的事情作为自嘲的素材,这样会化解别人对你的敌意和顾忌。

作家欧希金也是一个幽默的人,他曾经以幽默的方式摆脱了一次沟通的困境。事情起源于他在自己的《夫人》一书中,写过美容产品大王卢宾丝坦女士的故事。在一次聚会中,一位客人是他的书迷,他看过《夫人》一书,便开始不断地批评欧希金,抱怨说欧希金不应该写这样的女士,原因是卢宾丝坦的祖先烧死了圣女贞德。在场的其他客人都觉得气氛十分尴尬,甚至有人几度想要岔开话题,但是都没有成功,最后欧希金说道:"好吧,烧死圣女贞德的事情终究会有人去做,但是现在你差不多已经将我烧死了。"这句话说完,其他在场的客人笑了,这让欧希金从窘境中脱身出来。

很多时候,我们需要的是通过幽默的沟通方式来实现自己的交流目的,而自嘲式幽默多半能够起到化解尴尬的作用。有名的人物,特别是演员,都是通过取笑自己的方式来实现沟通的,他们经常会通过嘲笑自己的容貌,实现夸奖对方的目的。一位嘴很大的演员,在接受采访时,被问到是否会因为自己嘴大而自卑,她回答道:"我不会自卑,因为嘴大吃四方,肯定饿不着我。"

当然,自嘲也要分场合、分时间,恰到好处地自嘲,才能起到事半功倍的效果。否则,你所谓的自嘲并不能为自己的社交加分。

有一次刷微信朋友圈,看到一个朋友说:"穷得只能开奥迪了。"在这句话下面还配了一张奥迪车的图片。对于这位朋友来讲，他可能是想要表明自己生意出了问题，就剩下开奥迪车了，奥迪车对他来讲就是廉价的车，但是要知道有多少人是开不起奥迪车的，这样的自嘲很容易被别人误解，认为是在炫耀，这样根本达不到自嘲的目的。

很多人认为自嘲就是让自己出丑，其实不然，要知道自嘲不是自我辱骂。有个性的、形象的自嘲，就是要让自己说的话变得更加有趣和风趣。幽默的力量是不容忽视的，在很多时候幽默的人总是能够给人带来正能量，让人心情变得愉快。我们的自嘲可以起到鼓励别人的作用，同时也能够与其他人分享我们个人的豁达，让对方意识到自身的优势所在。

一次，黄渤参加一档综艺节目，即《康熙来了》，主持人是小S和蔡康永。小S是圈内众所周知的敢说敢问的人，她直接说黄渤："你长得很特殊。"

黄渤本身外貌一般，甚至还有人说黄渤长得丑，黄渤自然明白小S话中的意思，黄渤笑着回答："一开始长得还挺委婉的，后来就越来越抽象了。"听完黄渤的话，大家顿时哄堂大笑。

笑自己的长相，或笑自己出糗的事情，会使我们在沟通中更加有亲切感。因此，不妨在与人交往时，多用一些自嘲的方法，不仅能够让你获得好人缘，同时也能给别人带来好心情，何乐而不为呢？

第三章　幽默有技巧，沟通有诀窍

学会模仿，有助快乐地畅谈

模仿是一种心理，也是人的本能之一。对于社交来讲，人们可以通过模仿他人或者他物，来达到建立愉悦的沟通环境的目的。当然，并不是所有人都会模仿，也并不是所有的人都擅长模仿，而在必要的时候，适当地运用模仿式幽默，便能够达到愉快交流的目的。

那么什么是模仿式幽默？模仿式幽默就是借助某种违背正常逻辑的思维和想象，将原生的语言要素进行重新利用，从而用于新的语言环境，最终创造出幽默感。

在美国有一位女教师，她总是喜欢板着脸上课，在课堂上，也总是批评学生不努力和不勤奋，很多学生都不愿意上她的课。一次，这位女老师在课堂上提问道："'要么给我自由，要么让我去死'这句话是谁说出来的？"

过了一会儿，一名男同学用英语熟练地回答道："是在1775年，巴特利克·亨利说的。"

女老师兴奋地说道:"对,刚才回答问题的是一位来自日本的学生。这让我觉得很感慨,为什么生长在美国的学生回答不出来,而从遥远的日本来的学生能回答?"

美国学生听了心中十分不满,这时传来一个声音:"把日本人干掉!"

女老师瞬间惊呆了,并且十分生气地喊道:"谁?刚才这句话是谁说的?"

过了几十秒,一位美国学生回答道:"是在1945年,杜鲁门总统说的。"

通过这个例子不难看出,模仿式的幽默能够缓解尴尬的气氛,同时也能够让我们占有沟通的主动权。

那么,在与人沟通过程中,可以从哪些方面进行模仿呢?

第一,模仿对象是一个人。我们为了达到幽默社交的目的,可以去模仿其他人的一些行为、声音、动作、表情等等,只要是对我们的社交有帮助的,我们都可以去模仿。而模仿其他人并不是要讥讽别人,而是为了营造一种愉快的沟通氛围。

模仿人的时候,首先要明白对方的特点或者特征是什么,我们要模仿对方的特点,尤其是众所周知的特点。这就要求我们善于观察,多观察别人的特点所在,无论是对方的手势、表情,还是对方的嗓音。

我们经常会在电视上看到一些模仿秀,很多人上台之后会模仿一些名人唱歌或者是模仿名人说话等等，这样做是为了让沟通者听出来自己在模仿谁。同样的道理，我们在沟通过程中，也应该学会模仿别人一些有特点的嗓音或者是口音，目的就是激活对方的幽默细胞，从而实现幽默沟通。

一次小周的公司来了一位新人，公司有规定，不允许在办公室吃饭。但是小周和同事们都是一边偷偷在办公室吃饭，一边看电视。

小周和同事刚吃完饭收拾停妥，只见经理走了进来，冲着新员工喊道：“你不知道不允许在办公室吃饭吗？”经理走了之后，那位新人一脸迷茫地看着小周，小周笑了笑，学着经理的口气说道：“你不知道在办公室吃饭不能让经理看见吗？”

瞬间同事们都笑了。

第二，模仿对象是一个物体或者是动物。模仿物体或者动物的时候，要学会找到其特点，要让沟通对象快速明白你在模仿什么，只有这样才能产生幽默的效果。

Lina在一家国企上班，他们办公室有一个90后小女孩，平时穿着时髦，最近一周经常会偷偷将一只宠物猫带到办公室，理由就是朋友出国旅游，将猫寄养在她家，但是，在家放着，她不放心，只好带办公室来了。

这天中午Lina点了外卖，谁知刚打开餐盒，就被经理叫去帮忙。等Lina回来的时候发现自己餐盒里的鱼块不见了，低头一看，那只宠物猫正在津津有味地吃着自己的午餐,而那位90后小女孩正在玩游戏。

Lina 蹲下看着那只猫,没有说话。此时另一个同事走了进来,问道:"Lina,你怎么不吃饭?"

"因为有人替我吃了。"Lina 说道。

"谁替你吃了?"同事接着问道。

Lina 喵了一声,并指了指地上正吃鱼块的猫。

同事瞬间明白什么意思了,那个90后小女孩也看到了自己的猫闯的祸事,连连给 Lina 道歉。

第三,模仿一些事实。很多事情都是可以模仿的,而模仿的目的就是通过加大沟通的愉悦程度,从而实现幽默沟通的目的。

一个杂志社的总编是一位六十岁左右的老头,秃顶,每天中午休息时间,他总会放歌,确切地说是只放一首歌《夜上海》。同一个办公室的其他年轻人都相当反感,因为他们希望中午吃完饭能够休息一会儿。

这天总编生病请假了,小赵故意放了一首《夜上海》,并且模仿总编闭目跟唱的表情,瞬间逗得办公室同事开怀大笑。

模仿式幽默是比较容易掌握的幽默方式,这种幽默方式要求我们能够在生活中多观察,看到不同事物的特点。当然,我们模仿别人或者是模仿其他事物的前提就是找到人或物的特点所在,只有这样,模仿才会变得有意义。其实,模仿本身是能够营造融

第三章 幽默有技巧，沟通有诀窍

洽氛围的沟通技巧。

　　模仿式幽默也是需要遵循适度原则的，在沟通过程中，并不是所有的人和物都适合我们去模仿，也并不是所有的模仿都能够达到幽默的效果。因此，一定要把握模仿的度，既不能让我们的模仿变得尴尬，也不能让我们的模仿变得枯燥。

水到渠成地搞笑，顺其自然地交流

幽默沟通不意味着就是故意而为之，很多时候是顺其自然的。在不知不觉中，让沟通对象感受到幽默的存在，这是搞笑的最高境界。同样，当我们能够熟练地运用幽默的形式，那么我们就能够顺其自然地与别人交流。

要实现水到渠成地沟通，就要善于发现生活中有趣的事情。其实，我们身边很多时候都会发生有趣的事情，而这些事情需要我们去记忆。我们也可以去看一下网上的流行词和流行的话语，这并不是要我们去照搬照抄，而是你要去了解为什么它们流行，分析一下在什么时候使用比较合适。最后，多听多看一些幽默的段子和故事，从而扩展自己的知识面。

要知道有些人天生就有幽默感，但并不是所有人都是那么幸运，有的人的幽默感是后天培养出来的。因此，我们要发现自己身上的幽默感，从而有意识地去培养。只有这样，才能在我们需要进行幽默沟通的时候，将搞笑表现得顺其自然。

第三章 幽默有技巧，沟通有诀窍

在第二次世界大战期间，英国想要让美国援助，当时的英国首相丘吉尔便来到美国华盛顿，与当时的美国总统罗斯福进行会晤，希望美国能够参加到抵抗德国法西斯的战斗中去。丘吉尔来到白宫之后，罗斯福给予了他很高的接待之礼。

这天早晨，丘吉尔躺在浴池里，正在舒服地泡澡。突然罗斯福打开了房门，此时此刻，丘吉尔肚皮露出水面，手中的香烟还冒着烟……在这样的情景下，双方难免有些尴尬。然而丘吉尔心中灵机一动，便将烟头扔在一边，笑着说道："总统先生，我这个英国首相在您面前可算是开诚布公，没有半点隐私了。"话音刚落，两个人都哈哈大笑起来。之后，双方的会谈自然也很成功。

在日常交往过程中，我们可能会遇到很多尴尬的事情，我们要应对自如，就不妨试试幽默的沟通方式。

伟大的诗人但丁曾经在参加一次宴请时，遇到了尴尬的事情。他因为穿着朴素，被大臣家的奴仆误认为是一个跟班的，于是奴仆在宴会上给了但丁一条最小的鱼。但丁看到其他人盘子里的鱼又肥又大，他并没有生气，而是将小鱼拿起来，放在自己的耳边，这一情景，正好被大臣看到。大臣十分好奇，问道："您这样做是为什么？"

但丁回答道："在几年前我的一位好友病逝，举行了海葬，我想向这条小鱼问问那位朋友的情况。"说完但丁摇了摇头，继续说道，"可惜啊，这条小鱼说它年龄太小了，让我问问邻桌的大鱼。"

大臣听了但丁的回答，开怀大笑，便命令奴仆给但丁上一条最大的鱼。

我们要学会尝试着和周围的人多沟通，从而多发现他们的优点、爱好，从而找到合适的幽默点，方便在以后沟通中，能够按照对方的幽默点进行交流，从而实现有效社交。

要实现水到渠成地搞笑，不妨从以下几点进行努力：

遇到尴尬的交流境地，内心不要紧张。在日常生活中，我们可能会遇到很多尴尬的事情，此时，千万不要紧张，乱了分寸。要保持镇定，只有坦然应对，才能找到更好的方法化解尴尬，也只有这样才能让自己变得更加愉快。

在一次新闻发布会上，一个美国记者不怀好意地问中国乒乓球名将马琳："在美国，人们最熟悉的中国运动员是姚明和刘翔，你在你们中国影响力似乎也很小。为什么你对中国人和我们美国人的影响力都那么小呢？"

马琳笑着说道："姚明代表'高度'，刘翔代表'速度'。这决定了他们受瞩目的程度会更高更强。而我之所以受欢迎，是因为乒乓球是我们中国的国球，中国人喜欢乒乓球就像美国人喜欢篮球一样。"马琳的回答既幽默，又让自己摆脱了尴尬。

如果马琳在听到那位记者提问之后，变得紧张或者是气愤，那么自然不会有这样的回答，更不会让自己的回答如此幽默。

第三章 幽默有技巧，沟通有诀窍

当遇到尴尬的事情时，不妨反向思维，换个思路去思考问题，或者换个思路去回答问题，这样不仅能够实现幽默沟通，还能展现我们的智慧。

曾经有一个音乐家，去一个小镇举办演奏会。小镇的风景很美，但是来听音乐会的人很少。这位音乐家非但没有生气，反而很幽默地对到来的观众说道："看来这里的人都很富有啊，一个人买了几个人的座位。"

到场的观众听完瞬间大笑了起来。

如果这位音乐家在看到观众席上为数不多的人之后，纠结于观众的数量，那么他是没有心情进行演奏的。

在运用幽默沟通的时候，讲究的是顺其自然，而不是给对方一种特意为之的感受。我们要在恰当的时候说出恰当的幽默话语，从而让对方自然而然地感觉到快乐和心情愉悦。这样的幽默才算得上是最高级的幽默沟通。那么，在运用搞笑的方法与人沟通时，要注意哪些方面呢？

搞笑并非扮丑。搞笑是通过幽默的语言和动作，让对方感受到愉悦、轻松的交流气氛，而并非故意扮丑。搞笑并非"出卖"自尊心，而是在让对方快乐的同时，自己也能够感受到快乐。

曾经有一位男士，邀请朋友参加宴席，朋友到场之后，开始饮酒畅聊。之后他为了表达自己快乐的情绪，就顺手将桌子上的摆盘花朵戴在了耳边。当时到场的朋友都觉得十分尴尬，以为他已经喝醉。

搞笑并非特意做作的行为,而是通过语言的技巧,达到愉快交流的目的。这里讲的"搞笑",其实就是一种幽默的沟通技巧。

善于社交的人,往往能够利用幽默的沟通方式来实现顺畅沟通。在与人沟通过程中,要善于利用幽默的语言交流,尤其是在自己遇到尴尬的境地时,一定要顺其自然地表露出自己的幽默,不要扮丑、做作,要让对方欣然接受自己的搞笑,享受自己的幽默,从而达到沟通的目的。

故意卖关子，不露声色的风趣

什么是卖关子？卖关子其实是一种修辞手段，它使听者处在悬念的状态，让听众不知下文会如何，甚至会让听众感到疑惑，在高潮部分或者是最后，再给出推论与结论。就如同齐白石先生画虾，他从不在画中加上水，但是看过他画的人，都能感受到水的存在，感受到虾在水中游得畅快。

心理学家曾经提出过一个名词，即空白效应，指的就是故意设置悬念、吊人胃口，这样做的目的就是给他人留下想象的空间，从而激发出人的好奇心和求知欲，让大脑变得活跃起来。在沟通过程中，这种设置悬念、卖关子的方法，也能够给人一种不露声色的愉悦，而"满堂灌"、全盘告知的沟通方式，不仅使交流对象容易产生心理疲劳，大脑也会觉得疲惫不堪，创造性思维还可能受到压制。

我们经常会听到一句老话，"此时无声胜有声"。在生活中，我们不妨也学着留出点空白，也许就能够事半功倍，比如交谈时学会设个悬念，让沟通对象不得不对你"穷追不舍"。

有一天，在一条大街上，一个卖烟的摊贩正在大谈吸烟的好处，这个时候正好过来一位老人，老人对摊贩说道："各位听众，抽烟的好处，除了这位先生说的这些之外，我还要补充三点。"

烟贩听了老人的话，瞬间兴奋了起来，便恭维道："老先生，一看您相貌，就知道您并非一般人，您的学识一定很渊博，赶快讲讲您总结的抽烟的三大好处吧！"

老人也笑了笑，便说道："第一点，狗害怕抽烟的人，一见就逃跑。"此时，围上来的人越来越多，烟贩心中暗喜。老人接着说道："第二，小偷不去偷抽烟的人的东西。"此时，人们都觉得十分好奇，烟贩则更加高兴了。接着老人说道："第三，抽烟者永远不会老。"人们听了之后，更觉得好奇了，商人更加喜不自禁。围上来的人都要求老人细细解释。

老人紧接着说道："第一，你们是否看到了，抽烟的人驼背的比较多，狗看到驼背的人，以为他是要捡石头打它，狗能不害怕吗？"人们听了笑出了声音。

"第二，抽烟多的人，多半呼吸道会不适，夜里往往会咳嗽，小偷听到了以为他还没有睡着，自然不敢去偷东西了。"人们笑得前俯后仰。

"第三，抽烟的人多会生病，所以长命的不多，自然就没有机会衰老了。"人们大笑起来。此时，大家再去找卖烟的商贩，他已经不知去向了。

通过这个案例不难看出，这位老人讲话是层层推进的，先是设置三个悬念，一个比一个吸引人，将人们的胃口吊得足够高的时候，才不慌不忙地讲出其中含义。按照人们惯有的思维，抽烟往往是应该遭到反对的，因为众所周知抽烟危害健康。老人开口之前，人们一般会认为老人是反对烟贩的，但是没想到老人说了抽烟的"好处"，烟贩和围观的人自然都十分急切地想要听老人继续讲下去。最后，老人以十分幽默的话语做了妙趣横生的解释，既能够愉悦听众的心情，又可以揭穿商人的骗局，让人们意识到抽烟的危害所在。

在与人沟通过程中，我们需要运用设置悬念幽默法，达到幽默沟通的目的。当然，并非所有的时候，都适合设置悬念，也并不是所有能够引发沟通对象好奇心的话语，都能称为设置悬念。那么要实现不露声色地风趣沟通，就必须注意以下两个方面：

千万别故弄玄虚，不着边际。要知道设置悬念，并不意味着就可以故弄玄虚，否则不仅不能产生幽默感，反而会让听众对你所说的内容产生反感。所以要区分故弄玄虚与设置悬念的区别，避免使用错误。

第二，要设置悬念，就要做好充分的铺垫，千万不要急于求成。你所说的话要让听众对结果产生错误的预期，在这种悬念设置成功之后，再慢慢地进行解释和讲述。这样会给听众一个思考的时间，最终，听众才能更加深刻地领略话中的奥妙。

在公园中，有一个不到八岁的小男孩，他看到一位老奶奶正在长凳上休息，便毫不犹豫地跑到老奶奶的面前，问道："老奶奶，您的牙口还好吗？"老太太回答道："不行了，全掉了。"小男孩儿笑了笑，拿出一袋子花生，说道："那您先帮我拿一下，我去打篮球。"老太太瞬间被逗笑了。

这个男孩儿先是问老太太牙口如何，老人听了十分好奇。之后小孩儿拿出花生，说让老人帮忙，虽然没有明说，其实之前的提问是怕老人偷吃自己的花生，当得知老人牙口不好时，他才放心。这样风趣的交谈，自然会引得老人大笑。

在任何时候，我们要想实现顺畅地交谈，就要能够满足交流对象的好奇心，而好奇心的满足，就是实现幽默沟通。懂得设置悬念的人，往往能够在恰到好处的时候，激发交流对象的好奇心，从而在吊足了对方胃口的时候，讲出问题的症结所在。这样做就是为了产生幽默感，从而实现顺畅地交谈。因此，要学会在交流中设计悬念，从而产生不动声色的幽默感，最终让我们的沟通变得更加顺畅自如。

第四章
CHAPTER 4

化窘解难
做一个幽默的精灵

舌灿莲花，有了过失巧辩解

所谓人无完人，无论在什么时候，人们都可能做错事，甚至是出糗。其实，我们最害怕的事情莫过于在众人面前出糗，出糗本身并不可怕，可怕的是我们觉得面子上挂不住，甚至害怕别人笑话自己。那么我们不妨运用幽默的交流方式，让糗事变成别人的一笑而过。

发生了过失，很多人都会觉得尴尬，恨不得自己马上找个地缝钻进去，其实在众人面前，无意间出现了过失的时候，我们不妨变被动为主动。比如，当我们在众人面前不小心摔倒时，我们可以笑着起来，拍拍屁股上的土，然后问道："我的屁股是不是摔成了四瓣？"想必周围的人会哈哈大笑，事后，完全忘记你摔倒的事情，反而会对你产生更深刻的印象。

不要害怕在别人面前出现失误，有的时候出现失误并非一件坏事。出现失误之后，主要看的是你如何应对。一个善于交际的人，往往能够很好地应对自己所犯的错误，从而将对自己不利的一面

第四章 化窘解难，做一个幽默的精灵

转化成对自己有利的事情。

一位年过七旬的老教授被一所大学邀请去演讲，他演讲时因为口误将校长的名字念错了，他立刻进行了更正，然后说道："哦，十分抱歉，请李勇校长原谅我这个已经七旬的老人，我想我已经老眼昏花了。"说完之后，台下的学生哈哈大笑，校长也笑出了声音。

这位老教授本身读错了别人的名字就是过失，但是在过失之后，他能够用十分幽默的话道歉，想必没有人会为难一位"老眼昏花"的老人，因此，这种风趣的表达势必会让听众感到愉悦。

在日常沟通过程中，口误或者是出错是在所难免的事情，越是在出错的时候，越是能够考验一个人的幽默感和风趣程度。因为此时我们已经出错了，必须尽快做出反应，从而以最快的速度想出补救的措施并展开行动。此时，我们不妨以自己为笑点，"厚着脸皮"去进行辩解，这样做可不是为了逃避错误，而是为了缓解尴尬的局面，让自己用幽默处理掉自己的错误所造成的遗憾。

很多人十分在意自己是否犯错，其实，在与人沟通过程中，犯错是在所难免的，很多人总是在意自己出的错，所以在接下来的沟通中，会变得更加紧张，这样反而不利于沟通。其实，反过来进行思考，你是否出糗，对别人来讲是毫无影响的，别人往往是不会在乎的，而在乎是否出糗的往往是我们自己。因此，在与人沟通过程中，如果我们出错了，那么不妨大方地做出回应或者

是做出解释，用幽默的方式化解当时的尴尬。这样不仅能够展现你的个人魅力，更能让你达成沟通的目的。

在美国，4月1日是愚人节，人们可以随便地开玩笑。这天，一家报纸为了增加发行量，也是为了报复马克·吐温，便在报纸上刊登了一条消息，报道称马克·吐温去世了。看到这则消息之后，他的亲戚朋友纷纷赶到马克·吐温的家中悼念他。出乎意料的是人们发现马克·吐温还好端端地坐在书桌前写作。此时，亲朋好友瞬间明白了是怎么回事，纷纷谴责那家造谣的报社。马克·吐温听了亲朋好友的责骂之后，不动声色地说道："那家报纸报道我死，是千真万确的，只不过是提前了一些。"

马克·吐温没有生气地咒骂那家报社，也没有暴跳如雷，而是用一句风趣的话化解了亲朋好友焦躁的情绪，这样不仅化解了自身处境的尴尬，也让亲朋好友内心得到了慰藉。因此，处于尴尬的时候，我们不妨运用幽默的话语，帮助自己化解尴尬。

在生活中，我们应该能够看到事情风趣的一面，即便是我们做错了事情，为了化解尴尬的境地，应该着眼事物发展有趣的一面，这样做能够帮助我们化解尴尬，得到别人的认可。那么，在为过失进行辩解的时候，要注意哪些方面呢？

首先，要承认自己的过失。无论我们是口误还是做错了事情，只要不是故意的，都要先承认自己的过失，而不是去否认过失。只有承认了我们自己的过失，才不会引起别人反感。无论我们如何善于辩解，如何幽默，如果不能正视自己的错误，一切辩解都将会是胡搅蛮缠。当我们能够正视自己的过失和错误时，我们幽默的辩解才能够得到别人的认可。

其次，运用幽默的方式进行辩解，并不是一味地抗拒别人的批评。如果在我们出现失误之后，有人对我们进行了批评，那就应该虚心接受。我们幽默的辩解只是为了达到化解尴尬的目的，而并非拒绝别人的指责。

最后，要真正意识到自身存在的问题。尤其是在自己犯错之后，要真正认识到自身存在的不足，只有这样的道歉和辩解，才能够得到别人的原谅。

幽默是能够传递正能量的，当我们以幽默的方式处理尴尬的事情时，就是在将乐观、积极的态度传递给对方。因此，善于与别人一起"笑尽天下可笑之事"的人，往往能够得到别人的尊重和认可。相反，如果在出现失误之后，我们用抵抗、抵触的态度去应对，自然别人也会以同样的态度来对待你。幽默的力量不容忽视，我们要学着让自己成为一个幽默感十足的人，即便是在众人面前出糗，也要将糗事转化成好事。拿自己的糗事逗别人开心，并不是要"出卖"自尊，而是保护自尊心的一种表现。这样一来，没人会在乎你出糗和犯错，反而会认为你是一个幽默风趣的人，是一个充满正能量的人。

让我们一起"荒谬"到底

在日常交往过程中,我们经常会遇到一些荒谬的人或者事,如果在荒谬的事实面前讲道理、摆事实,那么很可能引起争执,甚至让沟通变得更加尴尬。此时,如果说我们的言辞跟着对方的话荒谬下去,学会将错就错,反而会在幽默中成功地反击对方。

在交往过程中,我们经常看到一方为了驳倒另一方,拿出拼命辩驳的论调,其实,这是完全没有必要的。我们与对方交流,首先要看对方的观点是否正确,即便对方的观点不正确,那么,我们也不用着急辩驳,可以先用"同流"的语言来赞同对方,然后用语言和行为,按照逻辑顺序推出一个明显错误的结论。最终,让对方意识到自己的错误,而你不仅没有极力打击对方,还让对方感受到了你说话的幽默感。如果我们将幽默感运用得当,不仅可以有力地推翻对方的论点,而且能够让自己变得更有魅力和吸引力。

在日常生活中,我们会遇到各种各样的人和事,也可能会遇

第四章 化窘解难，做一个幽默的精灵

到各种矛盾。无论是观点还是做事风格方面，多多少少都存在不同。此时，我们要做的并不是确保对方与自己的观点一致，而是要确保在保持不同观点的时候，能够让对方感受到自己的幽默感，同时也能够认可自己的观点。

周丽宇是一个性格执拗的人，他经常会因为"不会"说话，而得罪周围的人。

"你看现在孩子们的负担多重，放学之后，有几个孩子能够开心地玩？基本上不是上辅导班就是各种兴趣班。"好友李宇说道。

"上学的年龄，就该多学点东西，即便辛苦，那也是应该的。"周丽宇说道。

"你说得没错，但是我只是想说一种现象。"李宇解释道。

"我说的也是一种现象。"周丽宇明显有些固执地说道。此时李宇没有继续说话，但是从表情上看他的确是有点不高兴。

"你们两个说得都没错。"周丽宇的妻子王芳说道，她看到两个人因为一个观点起了分歧，也了解周丽宇的性格，便开始进行化解，"相信你们都听过那句话'天下没有免费的午餐'，孩子们要成长就要经受一些压力，当然现在的社会也是竞争太过激烈，给孩子们的压力也太大了。孩子们成长是一个过程，总不能一口吃成个胖子吧？"她说完笑了笑。

此时，周丽宇与李宇都有了笑容。

如果我们的交流对象的观点有些荒谬，那么我们不妨先顺着对方说，然后再找依据，在无形中幽默地反驳。这种做法不仅能够化解尴尬的交流局面，也能给对方留足面子。

那么，我们与他人一起"荒谬"交谈，要注意哪些方面呢？

首先，与他人交谈，有些观点是可以"苟同"的，但是在一些原则性问题上，我们要学会有依据地辩驳对方。

甲："中国手机就是没有苹果手机好用。"

乙："那苹果手机为什么在中国的销售额不断下降，中国制造的手机品牌市场占比怎么会逐年上升呢？"

甲："……"

其次，即便知道对方的观点是错误的，那么也要尽量避免直接戳穿对方的观点，而是要给对方留有足够的"面子"。当然，如果能够用幽默的方式，让对方既保存了面子，又意识到自己观点的错误，那是再好不过的事情了。

小江是公司财务部的一名会计，他每天都会将很专业的财务报表送到部门总监那里。这天，他照例将财务报表给了财务总监，但是财务总监没在办公室，他就将报表放到了总监的办公桌上。

第二天，财务总监问小江，昨天的报表为什么没有交。小江意识到可能是总监没看到自己交的报表，回答道："总监，抱歉，我昨天递交报表的时候，您可能去开会了，我忘记给您发微信留言了。您稍等，我马上再打印一份给您。"

第四章 化窘解难，做一个幽默的精灵

随后，总监走到办公室看到了桌子上的财务报表，意识到是自己大意没看到，便走到小江办公桌面前说道："我看到了，的确在我桌子上，不要再打印了。"

小江回答道："感谢总监，让我节省了几张纸。"说完两个人都笑了。

最后，在同意别人观点的时候，也可以运用幽默的语言来表达。这种搞笑的语言，能够瞬间拉近彼此的距离，从而达到更好的沟通效果。

"我喜欢听英文歌。"张小川说道。

"我也喜欢听英文歌，并且还喜欢跟着唱。"刘淼说道，"只不过，我听不懂它，它也听不懂我的。"

"我想学韩国歌。"张小川笑着说道。

"我也想学韩国歌。"刘淼说道，"只不过，我听了韩国歌就想睡觉。"

话音刚落，两人一起笑了。

对于不同的人的观点和意见，我们可能有不同的想法和建议。此时，我们要做的不是直白地提出自己的见解或者是反驳对方，而是要选择一些幽默风趣的语言来让对方在笑声中接受自己的建议。这样做并不是单纯地为了表述自己的观点，而是为了让对方感受到你的幽默感和个人魅力，从而对以后交往产生好的影响。

与观点相同的人进行沟通，我们需要做的是让对方意识到自

己观点与其相同，同时，也要让对方感受到我们用幽默的语言带给他的快乐。即便你们两个人的观点都是十分荒谬的，甚至是荒唐的，只要你能够用搞笑的语言，让对方感受到你的观点与他自己的一致，那么也是一种交流的境界。

第四章 化窘解难，做一个幽默的精灵

难得糊涂，糊涂也是一种幽默

我们经常会说"难得糊涂"，甚至有人将它作为座右铭。先说糊涂，从字面上来就是不明白事情，搞不清楚意思，这样的事情在生活中会有很多。在与人沟通过程中，也会有很多需要糊涂的时候，比如双方观点不同时，为了避免起争执，我们不妨装"糊涂"。同样，当我们在与对方沟通时，当遇到一些敏感的话题时，我们不妨也学会装糊涂，用糊涂幽默的方式来应对。

在生活中，会有很多糊涂的事情，或者是搞不清楚的事情，这些事情本身可能就是一种幽默的体现。

美国的幽默大师马克·吐温认为很多事情糊涂一点并没有坏处，他就对自己的身世感到十分糊涂。马克·吐温和他的胞弟长得一模一样，因为他们是双胞胎，就连自己的亲生母亲也无法分辨。一天，保姆替他们洗澡时，他的胞弟一个不小心跌入浴缸不幸淹死了，没有人知道淹死的是马克·吐温还是他的弟弟，所以马克·吐温会感到十分困惑。他说："每个人都以为我是那个活下来的人，其实我不是，活下来的是我的弟弟，那个淹死的人是我。"这样的话听起来十分幽默。

所谓难得糊涂，其实就是装出来的糊涂，并非真的糊涂愚笨。那么，在与人交谈过程中，究竟要在什么时候装糊涂呢？

第一，无法回答的事情。有时候，我们交谈过程中，别人会将一些我们本身无法回答的事情摆在我们面前。我们回答也不对，不回答也不对，此时，为了不得罪别人，我们只能是学着去装傻充愣了。

想必很多人小时候都有过这样的经历，有一些老人总是会问"是你奶奶好，还是你姥姥对你好""是爸爸好，还是妈妈好"等问题，我们不知如何回答。对于小孩来讲，这种选择性的问题，是不好做出选择的，所以什么样的回答都会有。对于大人来讲，也经常会遇到这样的问题，比如"你要是有孩子了，你喜欢男孩儿还是女孩儿""你觉得挣钱重要，还是陪家人重要"等类似的问题，我们总是会不知如何去回答。其实，在面对这样的问题时，我们不用想着如何做出选择，如何为自己选择的答案找到合理的解释。此时，我们不妨换个角度，换种思维，从另一方面去考虑问题。

人事经理：你喜欢你现在的工作吗？

新员工：还可以。

人事经理：你觉得挣钱重要，还是陪家人重要？

第四章 化窘解难，做一个幽默的精灵

新员工：节假日的时候陪家人重要，工作日上班重要。

这位新员工的回答比较含糊。其实，人事经理想要通过这个问题了解员工是否能够接受加班。而这名新员工并没有给出确切的答案，而是进行了相对含糊的回答，同时，也让人事经理明白了，新员工不希望在节假日加班。

第二，在对方说错话的时候，我们可以假装糊涂，而不是直截了当地指责对方。

很多时候，沟通对象说出的话并非都是正确的，无论是观点还是结论。此时，我们不妨学会从侧面去提醒对方，这样的话会让对方更容易接受，并感受到幽默的存在。

一天，一个卖衣服的商贩在叫卖，走过来一位女士，女士长得皮肤黝黑，身材也比较臃肿。她看着商贩的衣服，翻看是否有自己喜欢的款式。过了一会儿，她拿起一件葱绿色的衬衫，问道："这件衣服有我穿的尺码吗？"商贩迅速给她找到一件最大号，让她试穿。此时，这位皮肤黝黑的女士的好朋友进来了，她的好朋友皮肤白皙，她也开始翻看衣服。

皮肤黝黑的女士在穿上葱绿色衣服之后，照着镜子问商贩："穿上好看吗？"商贩笑着回答道："多好看啊，您看您穿着多显气质，并且显得您皮肤很白。"

皮肤黝黑的女士此时还在犹豫，便问皮肤白皙的那位女士："亲爱的，你看我穿这件衣服合适吗？"

这位皮肤白皙的女士看了看这位皮肤黝黑的女士，再看看她穿的那件葱绿色衬衫，在她身上就像是挂了一面旗子，不仅显得她身材更加臃肿，而且显得她皮肤更黑了。皮肤白皙的女士说道："您的眼光真好，这件衣服很时尚，我也想买一件。"

那位商贩听了之后，十分欣喜地给这位皮肤白皙的女士也拿了一件同款式的衬衫，皮肤白皙的女士换上衣服之后，照着镜子说道："唉，我不适合穿这件衣服，你看显得我的皮肤多黑，显得我的身材多臃肿。"说完脱下了衣服，还给了那位商贩。

此时，那位皮肤黝黑的女士似乎明白了什么，她再次站到了镜子面前，看了看自己穿的那件衬衫，然后脱了下来，还给了商贩。

第三，当我们遇到不想回答的一些问题时，或者是对一些敏感的问题不想做出回答时，不妨选择"装傻充愣"。这样做并不会显得我们多么愚笨，而是为了沟通能够顺利进行。

小周参加同学聚会，来参加聚会的都是自己大学时的同学，这次聚会是毕业八年后的第一次。大学的时候，在宿舍里，小周是长得最不起眼的，学习成绩也不怎么突出。现在小周通过自己的努力已经成为某家上市企业的高层管理人员。在同学里面，小周无论是收入还是婚姻，都是比较惹人羡慕的。这次聚会，小周难免又会成为别人谈论的焦点。

"你看小周多幸运，不仅是上市公司的高管，还越来越漂亮。小周，你一个月工资多少啊？"同学小敏问道。

第四章 化窘解难，做一个幽默的精灵

"你懂什么，小周这个级别的，都是论年薪，谁还跟你谈论月薪啊？"赵玉接过话，说道。

"对啊，恐怕小周在公司是有股份的吧，人家可是上市公司。"丽丽接着说道。

面对同学们的这些话，小周只能埋头吃着桌子上的菜，傻傻地笑着。

"小周还是像大学一样，那么爱吃。"好朋友张俊梅说道。

此时，大家看到小周满嘴的沙拉酱，都哈哈大笑起来。

在与人沟通过程中，我们难免会遇到一些不想回答或者是无法回答的问题，此时，即便我们做出回答，也可能不会产生好的沟通效果。因此，在与他人进行交际时，遇到一些自己无法回答或者是自己不便回答的问题，就要学会装糊涂。这样做既不让对方感觉尴尬，也不会让自己在交流中变得被动。

理不歪，幽默不来

理不歪，笑话不会来。其实说的是一种歪解幽默法，这种幽默方法就是以一种轻松、调侃的态度，随心所欲地对某个问题进行解释。或者是将两个毫无关联的事情，硬生生地捏合在一起，从而产生一种不和谐或者说不合理的效果。在这种因果关系的错位与矛盾中产生幽默。

在生活中，我们经常会听到一些论调，看似毫无关系的两个事情，放在一起便产生了一种风趣幽默的效果。

曾经有三个母亲，她们是好朋友。第一个母亲说道："我相信我的儿子长大之后，肯定能够成为一名优秀的建筑大师。因为现在小小的年纪，无论我给他什么东西，他都能拆得七零八碎。"第二母亲开口说道："我为我的女儿感到骄傲，虽然她年龄很小，但是长大后一定能成为一名出色的画家，因为现在我们家的白墙都用彩笔画满了各种颜色。"听了两位妈妈说到自己的孩子，第三位妈妈也开口说话了："我相信我的儿子长大后一定能成为一

第四章 化窘解难，做一个幽默的精灵

名律师，因为他现在总是喜欢和别人吵架。"

听完上述三个母亲的话，我们会觉得很好笑。因为这三位母亲，打破了常规的逻辑，为各自的问题找到了一个毫无关联的解释，其原因与结果之间是完全不对称的。比如，拆东西和建房子不对称、乱写乱画和当画家不对称、吵架和当律师不对称。这种看似完全不对称的事物进行捏合会产生一种幽默的效果。如果说第一位妈妈将儿子可以当建筑大师的因素解释为喜欢用积木搭建房子，第二位母亲的女儿喜欢用彩笔在本子上涂鸦，第三个母亲的儿子喜欢看法律知识，那么这样解释，就丝毫没有幽默感可言了。

那么，在日常沟通过程中，如何利用歪解幽默法呢？

第一，发挥自身想象力，多进行类比。其实很多时候，事物存在的关联性，往往是我们肉眼能够看到的。因此，不妨多发挥我们的想象力，开拓我们的眼界，从而多将不相关的事物放在一起进行类比，只有这样才能够摆脱表面关系的束缚，发现其趣味点，挖掘出幽默感。

张小敏第一次去农村，他看到几只鸡落在树干上，扭头对身边的朋友说道："以后出门我要戴一顶帽子了。"

朋友用好奇的眼神看着他，张小敏继续说道："我听说过天上掉馅饼，但这样的馅饼我真不想让它掉到我头上。"他边说边指着地上的鸡屎。

此时，好朋友看到了树上的鸡，便哈哈大笑了起来。

张小敏看到站在高处的鸡，便说以后出门要戴帽子，这两件事情没有直接的因果关系。而当他说出戴帽子的原因之后，朋友便明白他的意思了，从而产生幽默感。

第二，在交谈中，如果陷入沟通不畅或者尴尬的境地时，不妨选择歪解幽默法。

一位教授邀请朋友来参加自己儿子的百天宴席。朋友们按时到来，此时，他将儿子抱了出来。别人都在夸赞他的儿子长得帅气、白净，唯独一位老妇人说道："这孩子的眼睛不随爸爸，有点小。"

在一旁的好朋友赶紧解释道："眼睛小才聚光。"

老妇人又接着说道："这孩子头发不好，看别人家孩子头发乌黑，这孩子头发发黄。"

好朋友又赶快说道："这是胎发，头发都是越长越好。"

此时，这位教授感觉很尴尬，便笑着说道："这孩子眼睛也小，头发是黄，不过没事，以后只要他媳妇儿不嫌弃他，我这个当爹的忍忍也就过去了。"

听完他的话，在场的所有人都笑了。

在那位老妇人说出孩子缺点的时候，其实在场的朋友都会觉得尴尬。而这位教授为了化解尴尬的气氛，提到孩子的媳妇儿，要知道刚出生百天的孩子怎么会有媳妇儿呢，这种看似滑稽的话语，反而能够引得大家欢笑，从而打破这种尴尬的交流局面。

第三，在交流过程中，当我们想要表达某种观点，但是又不好直截了当地说出这种观点的时候，我们不妨选择这种幽默方式，通过这种幽默方式来表达观点。

明丽楠是一家保险公司的业务员，她善于推销保险。这天销售经理将一位客户给了明丽楠，原因是这位客户思想比较顽固，客户的子女希望给这位客户买一份保险，但是这位客户不同意。明丽楠需要去拜访这位客户，说服这位客户，从而达到订单成交的目的。

明丽楠来到这位客户家里，原来客户是一位上了岁数的老大爷。老大爷的子女都是教师，老大爷也是干了一辈子的教师。

明丽楠来到他家，当他知道明丽楠的来历之后，便问道："你说你们保险好，那为什么别的保险公司说他们的保险好？"

明丽楠知道这位客户对保险是有抵触的，或者说他根本不相信保险。于是，明丽楠回答道："大爷，您是老教师，您博学多闻，那您一定知道这个世界上最美丽的花是什么花。"

老大爷听了之后，有点迷茫，嘟囔道："最好看的花？"

"我认为最好看的花就是我喜欢的花。"明丽楠说道，"大爷，您认为什么花最好看，那么那种花一定是您喜欢的。保险也是这样，您觉得哪个保险公司的保险适合您，那么对您来讲，哪个保险就是最好的。"

说完之后，老大爷点点头笑了。

在生活中，我们需要运用一种幽默方式，看似是无厘头的幽默方式，但是能够收到幽默的效果，这就是说歪理的好处。当我们想要解释某个事物，但是又想不到更好的方法去进行解说时，不妨选择这种歪理幽默法，实现幽默的沟通，从而达到顺畅沟通的目的。

第四章 化窘解难，做一个幽默的精灵

精细之处，显现幽默

精细指的是什么？其实，精细就是细腻、细密之意。这里说的精细之处就是细小、细微精致之处。在与人沟通过程中，我们不妨从细小的角度去找幽默感。或者说我们可以从某个观点的一个小侧面来进行解释，从而找到风趣之处，实现幽默沟通。

在一艘大船上，一名水手问另一个水手："酒和女人你喜欢哪个？"

另一名水手回答道："我总得知道它（她）们的生产日期吧！"顿时两个人都笑了。

其实，另一名水手在回答第一名水手的问题之前，他的意思是需要搞清楚酒的生产日期和女士的年龄。而这样单纯从一个侧面进行询问，便能够产生笑点，也避免了回答问题的尴尬。

沟通是一门艺术，而这门艺术需要由很多艺术细胞组成。在每次沟通过程中我们总是会遇到一些问题，而此时，如果不知道如何回答对方，或是不知道如何去解决问题，我们不妨从某个问题的一个点着手，从问题的细微处回答。

一个美国人来到中国，他很想尝尝中国的菜肴，于是走到一家中餐馆。此时，服务员拿来了菜单，他为了能够来中国品尝美食，已经学了一年多的中文，所以简单的中文能够说一些。他问服务员："美女，您能告诉我这是什么菜吗？"他指着菜单上的一道菜问道。

服务员看了一眼，说道："先生，这道菜名叫夫妻肺片。"

美国人听了之后，流露出十分惊讶的表情，心想知道中国人吃的东西很特殊，但是从来没有听说过可以吃人体器官的。

"我没听错吧？"美国人惊讶地问道。

这位服务员似乎看出了美国人的惊讶，解释道："这道菜的原料是肺。"

"我知道是肺，但是我好奇的是，是哪对夫妻的肺？"美国人疑惑地问道。

服务员笑着说道："如果您非要知道的话，那我只能告诉您，这是猪夫妻的肺。"

美国人听完之后，笑得趴到桌子上了。

其实，这就是一个简单的菜名，而这个美国客人非要追究这道菜的原料，而这位服务员的回答，不仅充满幽默感，也能够满足这位客人的好奇心。

那么，在沟通过程中，我们在运用精细幽默法沟通时，应该

第四章 化窘解难，做一个幽默的精灵

注意哪些问题呢？

首先，我们在沟通中，从事物的细致处着手，从而实现幽默的效果，这就要求我们要对事物有全面细致的了解。当我们了解事物的细微之处时，我们才可能将其作为我们交流的素材进行利用。如果我们不能把握事物的每一个细节、每一个环节，那么我们是无法进行幽默沟通的。因此，在与对方进行沟通之前，要确保我们事先了解了事物的全面细节。比如，当你想要用牛奶生产的环节来说明牛奶昂贵是有原因的时候，你起码要了解牛奶加工的基本环节和步骤有哪些；当你想要用制造汽车来表明具有先进科技的重要性时，你起码要知道汽车制造都需要哪些高科技技术。

其次，在利用细微处进行交流沟通时，要找到与这些细节对应的幽默话语，只有这样你的讲解才不会显得枯燥，这其实并不是一件简单的事情。尤其是对于一些理论化、技术化的细节来讲，很难用幽默的方式来进行表达。因此，我们选择幽默的沟通时，一定要选择那些容易产生幽默感的细节。比如，当沟通对象抱怨说自己的工作不顺利，工作环境不好，得不到领导赏识时，我们尽量避免从工作的专业度方面进行交谈，我们可以选择从工作环境和人情世故方面来进行幽默沟通，这样才能在安慰对方的同时，实现愉快交流的效果。

最后，除了利用事物本身的细微之处之外，我们不妨利用语言的细微之处进行沟通。比如，我们可以让幽默语言变得更加精

细，这就要求我们平时多学习、多看、多想，掌握一些深层次的幽默语言。

在社会交往过程中，我们会遇到各种各样的人，也会遇到各种各样的事情。无论我们在什么情景下，无论我们和谁进行交流，都可以从细微处着手，掌握一些细节问题，从而实现幽默沟通，改善我们的交流环境与人际关系。

第四章　化窘解难，做一个幽默的精灵

歪理正说，尴尬自破

什么是歪理？歪理说的是一些站不住脚的道理。在交流过程中，很多时候会遇到一些站不住脚的道理，或者说是没有什么依据的道理，而这个时候，如果我们直截了当地去反驳对方，那么交流效果会适得其反，甚至会发生争吵。这个时候，我们不妨选择一种幽默方式去应对，从而打破这种尴尬的交流环境。

杰瑞生病住院，经历了一场复杂而精细的手术，为他治疗的大夫是这方面有名的专家。手术结束，杰瑞清醒过来之后，他发现自己头上起了一个大包，并且还肿了起来。此时，他十分困惑也十分担心。因为自己做的手术是在腿上，这和脑袋一点关系也没有。

杰瑞不安地叫来了护士，问道："护士小姐，我是不是还有其他的病？是不是你们都在瞒着我？"

护士小姐十分困惑地看着杰瑞，杰瑞继续说道："我的腿现在好多了，可是我头上起了这么大一个包，我肯定是得了什么不治之症，你们都在瞒着我。"

护士先是一笑，然后说道："不必担心，杰瑞先生。我也是听您主治医生说的，昨天开刀的时候，麻药用光了，出于对您生命的考虑，所以……"

当杰瑞怀疑自己生了重病的时候，无论护士如何劝解，恐怕都不会起到好的作用，而护士这样说，足够让杰瑞感到高兴了。

歪理正说还有另一种含义，即我们可以从另一个角度去理解。很多时候，有些话语听起来是没有道理的，但是确实是有依据的，禁得起推敲的，那么这样的话语往往能够打破交流中尴尬的气氛。

一个女孩坐在公园的长凳子上哭泣，路过的人都会看一眼她，但是她还是哭得很伤心。此时，一个老人也坐到了长凳子上。

"姑娘，遇到了什么事情，哭得如此伤心？"老人关心地问道。

"我……"女孩儿哽咽得说不出话来。

"说出来就会好的。"老人鼓励女孩说出自己的为难之事。

"我是一名舞蹈演员。"女孩儿终于强忍着不哭泣，说道，"但是在上午的表演中，我出现了失误，摔倒在了台上。台下观众都笑了，我真的很丢脸，恐怕以后再也没有脸面站在舞台上为大家表演了。"

老人听了女孩的话，明白了女孩为什么会哭泣。此时，女孩儿已经不再哭了。老人并没有着急去劝说女孩儿，而是将自己的

第四章　化窘解难，做一个幽默的精灵

鞋子脱掉，露出了打满补丁的袜子。路过的人都盯着老人的袜子看，甚至还有人指指点点嘲笑老人的窘迫。这一幕，也被这个女孩看到了。

"姑娘，你看到了吗？其实人生也就是笑笑人家，再被人家笑笑而已。"老人穿上鞋子说道，"你好好想一想，我们的生活不就是这样的吗？看别人搞笑的事情，我们会笑别人；而自己丢脸的时候，别人也会取笑我们。可是，等我们笑完之后呢？你还会记得谁因为不小心摔倒了吗？还会记得谁穿着破袜子在公园里坐着吗？"

女孩似乎明白了老人的意思，脸上露出了久违的笑脸。

本来这个女孩在舞台上出丑是一件十分难堪的事情，老人用自己的故意出丑来验证那句"其实人生也就是笑笑人家，再被人家笑笑而已"的歪理，从而起到劝慰女孩的作用，并让女孩感到轻松。

在运用歪理正说，实现幽默沟通的过程中，需要做到以下几方面：

第一，我们要表达的歪理，并不是胡搅蛮缠，而是字面看似没有道理，其实却是有内在含义的，我们要用这些歪理达到风趣的交流效果。

李敏是一家公司的业务部经理，她的脾气很不好，经常指责下属的业务水平不高，甚至指责下属没有文化。很多下属对她都

不满，但是大家都敢怒不敢言。

　　周晓天是这家公司的财务部经理，在一次公司大聚餐的时候，李敏又开始指责自己的一个部下，说道："张默然，你做事情能不能带点脑子，你就不能请客户吃顿饭吗？天天就知道出去傻跑，一点人情世故都不懂。"

　　张默然是李敏的下属，自然是一句话也不敢讲。但是在公众场合，这样指责别人，周晓天实在是看不下去了。

　　"李经理，你别生气。默然还小，才二十出头，哪儿懂那么多人情世故。他可不像您，二十出头的时候都已经成为公司业务部门骨干了。"周晓天看李敏不再生气，接着说，"我真佩服您，敢说他们，我都不敢指责我的下属。"

　　李敏很好奇，为什么一个财务部经理竟然不敢指责自己的下属，便问为什么。

　　"因为我记得那句话，当你伸出手指责别人的时候，你另外四根手指正指着自己。"周晓天说道。他说完之后，李敏的部下都暗自窃喜，李敏再也没有说话。

　　第二，我们要运用歪理正说的幽默方式进行交流，那么我们就要找到这些"歪理"的依据是什么，并将依据进行正确表达，只有这样才能够说服对方。否则，我们要说的歪理就会变得没有底气。

　　朱莉亚和玛丽是好朋友，朱莉亚十分贪吃，因此很胖，她几次下决心减肥,但都以没有坚持到底。这天,朱莉亚给玛丽打电话,邀请玛丽陪自己去买跑步机。玛丽十分好奇,便在电话里问道:"买跑步机做什么用?"

朱莉亚笑着说:"当然是跑步用了。"

玛丽意识到朱莉亚又要开始减肥了。

朱莉亚与玛丽来到了商场,跑步机的销售人员耐心地给朱莉亚介绍每个款式跑步机的优点,并建议朱莉亚买一个加长的豪华版跑步机。从销售员的角度来讲,这款跑步机不仅款式漂亮,还是加长的,跑步效果更好。

朱莉亚十分心动,但是价格较贵,她还在犹豫。玛丽作为朱莉亚的朋友,她了解朱莉亚,知道即便买了跑步机,用不了一周,便会弃之不用。

此时,玛丽说道:"亲爱的朱莉亚,你要打算买,就买这款加长的豪华版的跑步机吧。"

朱莉亚好奇地问:"为什么?"

"因为当你想到这款跑步机的价格之后,就不会忍心将它扔到车库里了。"玛丽笑着说道。

朱莉亚瞬间明白玛丽的意思,便开心地笑了。

人与人之间的沟通,往往包含很多话题。在沟通时,所选择的幽默沟通方法是不同的。当我们的沟通对象产生疑惑,或者是需要安慰时,我们如果只是顺着对方的思路进行分析和劝慰,恐怕起不到很好的效果。此时，我们不妨说一些歪理，这些歪理看似不合逻辑，但是经过分析之后，会发现其中奥妙，并起到幽默风趣的作用。因此，要善于利用歪理，并将看似不合逻辑的话语义正词严地说出来，从而达到沟通的目的。

第五章
CHAPTER 5

超强幽默感成就社交达人

懂幽默才有亲和力

幽默是人际交往的润滑剂，幽默的交流方式能够拉近你与他人的距离，从而使你显得更有亲和力。当我们运用幽默的沟通方式与其他人交流的时候，别人会因为我们的语言产生喜悦之感，从而会发出笑声。当别人笑的时候，内心就会解除防备，心门自然也就打开了；当我们笑的时候，你就更容易输入信息到对方头脑里。

英国著名的戏剧作家萧伯纳曾经说过这样的话："没有幽默的语言是一篇公文，没有幽默感的人是一尊塑像，没有幽默感的家庭是一间旅店。"可见，幽默不仅对写作十分重要，对家庭、交流更为重要。因此，无论是在家庭成员交流过程中，还是在与其他人进行交流的时候，我们的幽默感决定了我们是否能够迅速地融入到沟通环境中。

幽默是人际交往的灵丹妙药，这点我们不得不承认。因为幽默表现出一种诙谐的才能，这种才能可谓智慧的体现。很多时候，

第五章 超强幽默感成就社交达人

我们通过幽默的沟通方式，能够让自己获得更多的人生领悟。不难发现，凡是拥有卓越口才的人，都会说笑话。同样，很多具有亲和力的人，往往是搞笑的天才。

曾经有一个人很崇拜爱因斯坦，但是他不理解爱因斯坦的相对论是什么意思。正巧，爱因斯坦来到一所大学举办讲座，此人也慕名参加。

当此人表明自己的来历时，很多大学生都开始嘲笑他，笑他竟然不知道什么是相对论，此时，爱因斯坦站起来，说道："那就让我来给您讲解一下吧。"

"比如你和一个美丽的姑娘坐上两个小时，那么你会感觉像是过了一分钟一样。"爱因斯坦停顿一下继续说道，"但是，如果是夏天让你坐在一个火炉旁边，哪怕是一分钟，你都好像是坐了两个小时，这就是相对论。"

那个人瞬间明白了。

那么，在交流过程中，幽默的人的亲和力往往有哪几方面的体现呢？

首先，亲和力往往体现在我们通过幽默的语言，能够将一些比较复杂的事物进行更为直白的表述，从而让听众明白我们所要表达的是什么。

一个人问一名教授，什么是"蝴蝶效应"，教授想了想，说道："你把私房钱买酒喝了，你妻子发现之后，你们大吵一架，你生气地到了公司，把不好的情绪带到了工作中，对你的下属大吼大叫，下属产生不满，在工作中故意给你挖坑，最后，你工作也出现了失误。"

这个人瞬间理解了什么是蝴蝶效应。其实很多时候，我们通过一些简单语言的描述，便能够起到解释问题的效果。

其次，当我们面对别人的提问，需要化解尴尬的气氛时，就需要选择幽默的方式了。当然，当一个有亲和力的人在化解尴尬气氛的时候，也是有机智的头脑的。

参加 2003 年 NBA 比赛的全明星赛的球员接受记者采访时，一个记者问姚明："你以后要如何对待记者们对你的围追堵截呢？"姚明风趣地回答道："尽量跑快一点吧。"

那个记者接着问道："那现在，在这里你最害怕的是什么？"姚明笑着回答道："希望大家不要把我逼到厕所里。"说完记者们也笑了。

姚明幽默风趣的回答还有很多，在一次颁奖晚会上，主持人问姚明："在 NBA 打球和在 CBA 打球，最大的区别是什么？"姚明直接回答道："在 NBA 打球需要翻译，而在 CBA 打球不需要。"回答完毕瞬间赢得了一阵掌声。

再者，幽默的人在拉近与他人距离时，都会表现得十分幽默风趣，往往体现在其人脉圈很广。很多人脉广的人，往往具有很强的幽默感，无论面对怎样的朋友，都能用幽默的语言来吸引对方，从而达到深层次交流沟通的目的。同样，在与对方进行沟通的过程中，对方也能感受到其影响力，从而愿意与他沟通。

王月是一家公司的业务员，李梅发现王月的交际圈很广，不仅有知识分子，还有各个行业的专家，甚至还有一些老板。一开始李梅不知道王月是如何做到的，但是通过一次与客户交流，李梅知道了王月沟通的诀窍。

王月："我们公司的这款减肥产品对您有没有效果，我还真不敢保证。"

客户："那您为什么向我推荐？"

王月："因为我知道这款产品对您健康有帮助啊。健康最重要，别管胖不胖。"

客户："健康是重要，但是我更想减肥。"

王月："我当然明白您的心情，所以我来了。"

客户："希望你的产品对我有效。"

最后，幽默风趣的人能对他人产生感染力与影响力，因此，他人会更加尊重这些人。

革命先辈陈毅在讲话的时候，都不用稿子。但是，他都能侃侃而谈，并且经常用机敏而又风趣的语言来让听众折服。在一次会议上，有人看到陈毅手中拿了一张纸稿，他还时不时地低头看看那篇稿子。会议结束后，人们发现陈毅拿的是一张白纸，很多人都好奇地问陈毅，为什么要拿一张白纸，陈毅笑着回答道："不用稿子，人家会讲我是信口开河。"

一个幽默的人，往往能够给周围的人带来欢笑。同样，也能够与周围的人建立熟悉的人际关系，从而达到更好的沟通效果。幽默的人，往往拥有好的脾气，他们不会随便与人发火，从而更具亲和力。

第五章　超强幽默感成就社交达人

幽默的人更有风度

　　风度指的是一个人的言谈举止和仪态。风度是一个人内在实力的自然流露，有风度就代表此人有魅力。当然，风度是一个人独有的标志，而懂幽默的人往往能够表现出自己的风度。当然，一个有风度的人，往往是有内涵的、有气度的。

　　在社交场合，幽默的话语可以让朴实无华的话语更为多变，并且能够给你的形象加分，令你的社交变得更加和谐。当我们掌握了幽默的智慧之后，我们不仅能够做到锦上添花，还能够在别人需要帮助的时候，做到雪中送炭。因此，幽默的人更加有风度。

　　对于一个幽默的人来讲，他们往往是比较乐观的，看待问题也是比较有想法的。因此，当他们面对困境或者是遇到一些麻烦时，往往能够控制住自己的情绪，保持自身的仪表仪态。因此，在我们印象中，幽默的人通常不会因为自身情绪波动，而对他人大发雷霆。

　　有一个英国人在咖啡厅要了一杯咖啡，服务生将咖啡端上来之后，他边喝咖啡边思考事情。

突然，他发现咖啡中有一只苍蝇。

英国人将那个服务员喊了过来，和颜悦色地对服务员说道："你好，虽然咖啡的颜色有点单调，需要一些其他颜色来点缀。但是我并不认为将苍蝇直接扔进去会让别人喜欢。你可以将咖啡和苍蝇分开，让喜欢的人自己添加，你觉得如何呢？"

服务生看到了杯子里的苍蝇，感到十分惭愧，连忙道歉，并给这个英国人换了一杯咖啡。

这个英国人在发现杯子里有苍蝇时，他并没有将服务员臭骂一顿，而是用幽默的语言将事情说清楚，并委婉地表达了自己的态度。这样做不仅容易让对方接受，又不会伤害到对方的自尊心。这种机智的应对方法便是幽默的智慧，同时也会让他人心生敬佩。

如果说在一些不正式的场合需要保持自己的形象，那么幽默的人在正式的场合，也能够面对问题做出恰当的反应。尤其是在一些重要场合，无论面临怎样的状况，都要做出理智的反应。在遇到不利的情况时，幽默的人往往能够通过幽默风趣的语言来实现既有风度又有魅力的交谈。

美国前总统林肯在一次演说的过程中，突然，人群中不知名的一个男士递上了一张字条。林肯在众目睽睽之下打开字条，发现纸条上写了两个字"傻瓜"。看到这两个字，林肯并没有表露出生气的样子，而是思索之后，笑着说道："我收到过很多匿名信，全部是只有正文没有署名。而今天，我收到的这封信恰恰相反，上面只写了姓名，没写正文。"

话音刚落，会场响起一阵掌声，就连那个刚刚传递字条的男士，也觉得无地自容，悄悄从后门溜走了。

不难看出，林肯不仅是一个幽默的人，他也是足够机智的，同时也是一个有气度的人。他没有因为陌生男子的辱骂而生气，反而是用幽默的话语来化解了这场尴尬。其实，在生活中，我们也会遇到一些公开却充满敌意的场合，在这种场合中，幽默能够增加我们的魅力，同时能够让我们树立良好的形象。我们应该学会从幽默的交谈中，树立自身良好的形象，给他人留下美好的印象，最终脱颖而出。

张磊经过奋斗，拥有了自己的公司。在一次聚会上，不怀好意的人问张磊："你是怎么开公司的，第一桶金是不是父母给的？"开始，张磊只是笑着解释说："不是，是我自己赚的。"

没想到对方不依不饶，继续问道："靠什么赚的？"

张磊想了想说道："靠'墙'。"

此时，对方有些惊讶，张磊继续说道："对，我第一份工作就是在工地上给人家抹灰的，然后靠着这份工作，我挣了两万块钱。这两万块钱成了我的第一笔资金。"

张磊说完之后，对方不再说话，其他人也开始感叹张磊创业真是不容易，赞扬张磊的坚持和刻苦精神。

那么，幽默的人往往从哪几方面体现出其气度呢？

第一，幽默的人往往能够看到事物美好的一面，从而心胸比较开阔，遇到事情不会与人斤斤计较。因此，这样的人反而能够交到很多朋友，也会成为别人的好朋友。

张晓是小区里出了名的"老好人"，无论谁家里有矛盾，或者是邻里之间有矛盾，都会请他进行调解。不仅是因为他足够热心，更因为他善于用幽默的话语来化解矛盾。

一次，小张家的小狗咬伤了小李家的猫，小李家的猫也挠伤了小张家的狗。小李气不过，便找小张理论，而小张觉得，小李家的猫也有错，他态度也不太好，两个人就起了争执，差一点打起来。

别人请张晓去调解，张晓看了看小张家的狗，冲着狗喊道："你这条狗赶快给猫道歉。"没想到小张家的狗汪汪叫了两声，狗一叫，吓得猫也喵喵喵地叫了起来。

张晓冲那只猫说："你也给狗道歉啊。"

张晓转过头对小李和小张说道："这是猫和狗之间的事情，你俩都别瞎操心了，猫狗在一起难免发生口角，刚才人家狗和猫都和好了，你们两个大人还想打架吗？"

说完，小张和小李都笑了。

第二，幽默的人往往比较宽容，能够原谅别人的过错，也能够体谅对方的不易。因此，面对那些有求于自己的人，他们往往

134

会给予帮助。对于那些做了对不起自己事的人，往往能够原谅。正因为其具备这样的优秀品格，所有才会显出其气度之大。

都说美是可以创造的，同样，风度往往能够培养。对于一个幽默的人来讲，往往能够通过自身的幽默品格来展现出自身的气度，从而将自己的乐观与大度展现给沟通对象。这不仅增强了自身的魅力，更有助于沟通的展开，实现社交的目的。

借幽默打造领导力

领导力就是指在别人心目中的威望。这种威望并不是领导者才会有，拥有领导力的人也能够展现出领导者的风采。一个优秀的领导者，要想在他人面前树立威信，就需要在他人面前表露出风趣幽默的一面。以和蔼可亲的态度和形象，给他人带来快乐，从而带动他人的思想，实现领导力。

一家物流公司的经理正在与他的员工一起卸货，不料天开始下雨，雨水打湿了头发和衣服。此时，经理说道："我想今天晚上员工餐厅可以加一道菜了。"

员工很好奇地看着经理，经理接着说道："可以加一道清蒸落汤鸡，保证味道很不错。"

听完经理的话，大家都笑了起来，员工们更有干劲儿了。

其实，这位经理的这句玩笑话，能够让员工感觉到他的幽默，在这种恶劣的环境下，员工本身都已经感觉到疲惫，听完经理的话，大家内心变得愉快，自然对工作的继续开展是十分有帮助的。

第五章 超强幽默感成就社交达人

幽默作为一种美好的品格，对于领导者来讲是十分重要的，尤其是对于一些管理者来讲，如果能够恰如其分地运用，必然能够激励员工，使员工心甘情愿地工作。

李忠强是一家公司的高管，他出差回来刚走进公司，就听到员工在唱正流行的歌曲《沙漠骆驼》。当员工看到李忠强的身影之后，马上停止了"合唱"，都纷纷回到了自己座位上。此时，李忠强问道："《沙漠骆驼》是谁唱的？该不会是沙漠和骆驼唱的吧？"

一个90后小姑娘马上喊出了歌手的名字，瞬间气氛活跃了起来。李忠强继续说道："中午休息时间，大家可以活跃一点。"

领导要在员工心目中树立威信，同时也要打造平易近人的形象，只有这样才能够让员工对领导者信服，也才能够形成领导力。

美国研究者曾做过一个实验，他们邀请了一千多位管理者，让他们填写了一份问卷调查，通过这份问卷调查的结果，发现超过70%的人认为在会议中讲笑话有助于会议的开展；超过50%的人认为通过幽默的方式开展业务，是十分有帮助的；超过50%的人认为公司很有必要聘请"幽默顾问"来让员工工作变得轻松。很多跨国公司和上市企业，已经开始将幽默管理融入了日常管理过程中。

一个跨国公司的总裁有一位女秘书叫朱丽，十分机灵，只是做事情有时候很马虎，总是在写资料的时候出错。

这天，朱丽换了一身新裙子去上班，总裁看到之后，说道："朱丽，今天你的裙子很漂亮，正是年轻女孩子应该穿的花色。"

朱丽听了总裁的话十分开心，毕竟平时总裁很少夸赞自己。

"不过，你千万别骄傲哦，如果你的公文能像你的裙子一样漂亮，那么你就更加完美了。"总裁继续说道。

果然，从那天开始，朱丽工作变得十分认真，在她的公文中很少能够发现错误了。

当领导者懂得用幽默的力量去管理员工的时候，很容易得到下属的尊重和爱戴。同样，领导者安排的工作，下属也会很乐意去完成。或许很多领导者会担心因为幽默的语言而丧失威信，其实，完全没有必要，因为那些懂得给自己注入幽默感的领导者才更具领导力。

或许你会说我并非一名领导者，这就意味着我是不是不用掌握幽默的技巧提升领导力了呢？其实不然，在日常生活中，每个人都应该学会提升自己的领导力，因为你的身份是在不断发生变化的，或许在工作中，你并非领导，但是换一个场合，你可能就需要具备领导力了。比如在自助游的时候，你可以带领你们的队伍更好地应对来自大自然的磨难。故此，无论是不是工作中的领导者，都应该懂得运用幽默的力量来提升自己的领导力。一个具有领导力的人，才能在恰当的时机提升自身的价值，展现自身的人格魅力。

那么，我们究竟要如何培养自己的幽默感，从而提升自身领导力呢？

第一，我们需要博览群书，提升自己的知识面。只有知识积累多了，才能够在与各种人接触的时候，做到胸有成竹，从容自如。在遇到任何事情的时候，才不会惊慌失措，才知道正确的解决办法是什么，甚至是运用幽默的方式来解决面临的问题和困难。

第二，我们需要培养高尚的情操和乐观的信念。要知道一个人如果心胸狭窄、思想消极，怎么可能会拥有幽默感和乐观的精神态度呢？幽默的人多是对生活充满热忱的。因此，要培养自己热爱生活的态度。

第三，多与人接触，只有接触的人多了，才能提升自己的应变能力和反应速度，因此才能增强自身的幽默感。所以，我们不妨多参加一些活动，多接触各行各业的人。

杰克在生活中，经常会参加一些公益组织，他也成为公益活动的一员。而参加公益组织的人往往都是来自各行各业的，杰克可以从他们身上学到很多东西。杰克说自己最羡慕的就是那些做销售的人，因为他们反应灵敏，能够处理各种问题。

有一次，杰克在去山区做公益的时候，遇到了当地一个不够友善的人，他想要抢夺公益物资。此时，公益团队中有一个叫史密斯的男士，他对那个不怀好意的人说道："难道你想要全村子的孩子都去你家里吃饭吗？"那个想要抢夺物资的男子没有说话，转身就走了。

在打造自我领导力方面，我们需要借助幽默的力量，让沟通环境变得活跃，使我们在他人面前树立良好的形象。只有这样，我们才能够更好地与人沟通，从而实现我们的沟通交流目的。

第五章　超强幽默感成就社交达人

幽默提升魅力指数的方法

俗话说得好，善于交谈者必善于幽默。幽默是语言的最高境界，善于运用幽默的人在社交过程中，才能提升自身的魅力、亲和力，才能在沟通过程中表现得如鱼得水。当然，一个具有超强幽默感的人，往往能够在社交群中瞬间提升自己的魅力。

有的人或许认为，提升自身魅力的途径有很多，比如通过外貌和才学展现出来。但是要知道通过幽默来展现出来的魅力才会变得更加持久，才能更容易被别人记住，在对方大脑留下深刻的印象。我们不妨看看身边的社交达人，多半具有很强的幽默感。如果我们想要提升自身的魅力，不妨学着提升自己的幽默感，从而在沟通过程中光芒四射，成为社交过程中的焦点。

美国有一位音乐指挥家，在他七十大寿的时候，来了很多记者。其中一个记者好奇地问道："您七十岁还依然精神矍铄，您活到七十岁应该归功于什么呢？"这位音乐指挥家思考了一会儿说道："我认为应该归功于一个事实，那就是我并没有死去。"

第二天，多家报刊刊登了这一则新闻。很多读者看了之后，都对这位音乐指挥家产生了好奇心，纷纷开始打听这位音乐指挥家的消息，甚至有的人成为了他的粉丝。

由此可见，幽默是具有很大魅力的，这位音乐指挥家通过简单的一句话，就让人们开始关注他，不仅增强了其个人的魅力，同时也能够给周围的人带来快乐。

在与他人进行沟通的过程中，一个小小的幽默就能够吸引众人的目光，他人更愿意与幽默的人亲近和接触。幽默能够让我们的语言变得十分有特点。同时，无论我们在怎样的场合，都能够运用幽默，成为人群中独一无二的焦点。

在一次同学聚会上，人们都想要了解班长王凯的近况。在王凯讲述自己这几年的经历时，郭金森不断地插嘴，打断王凯的讲述。

无奈，王凯说道："金森，买火车票还要排队呢，你说话怎么老插队呢？"说完，其他同学都笑了，此时原本玩手机的同学，也开始认真聆听王凯的讲述。

原本郭金森想要插话吸引别人的注意力，没想到王凯一句幽默的话语，赚足了关注的眼球，而郭金森也只好认真地听对方说话。王凯的一句话不仅没有伤害到郭金森的自尊心，反而增强了自身的魅力指数，从而吸引了更多人的关注。

幽默能够提升一个人的魅力指数，但是也要有方法地利用幽默。因此，在通过幽默提升自身魅力指数的时候，应该注意以下几点：

第一，幽默要适度，过分的话语不仅达不到提升自身魅力的目的，反而还会遭到别人的反感。

一个商人在向路人推销自己的产品，他主要销售的是一种药膏，这种药膏能够治疗跌打损伤以及起到缓解疼痛的作用。因此，只要是经过的人，这个商人都会讲述自己产品的好处和优势。

此时，一名女士经过，他在向这位女士推荐了产品之后，女士表示拒绝，理由是自己很少会出现腿脚酸疼的情况。商人却说道："即便您很少出现腿疼胳膊疼，但是女士不是每个月都会有几天肚子疼吗？"

女士听完商人的话，嘴里骂道："神经病。"然后快步离开了。

第二，幽默的语言一定是要建立在别人接受程度之内的，同时，这些语言要考虑到别人的心情和心境，不要因为自己的幽默，伤害到别人的内心。

在母亲节的活动上，公司人事经理王平要求参加活动的所有女士和部门经理都在横幅上签字留念。无奈，公司所有部门经理都是男士，其中销售部经理说道："我们一群大老爷们儿就不跟这群妈妈抢地方了。"

但是人事经理王平不这么认为，他认为所有人都是有母亲的，所以是不是女性没有关系，只要是参加母亲节活动的，都应该在横幅上签字留念。于是，王平也用开玩笑的口吻说道："大老爷们儿怎么了，谁不是母亲生父亲养的，谁没妈妈啊？"

当王平说完这句话的时候，工程部总监生气地扭头走了，此时气氛十分尴尬。原来，工程部总监的母亲刚刚去世不到三个月，母亲节本身就容易让他陷入伤心的心境中，王平的话显然伤害到了他。

王平想要用幽默的语言来表达自己的观点，但是没想自己的语言太敏感，刺激到了工程部总监。因此，这种幽默的语言是不太合适的，他没有注意到别人的心情，也没有考虑到别人的感受。

英国思想家培根曾经说过："善谈者必善幽默。"幽默所带给人们的好处是不难说出来的，很多时候，幽默不仅能够让一个人变得更具魅力，还是一个人良好品质的体现。如果说语言是人与人心灵沟通的桥梁，那么，幽默就是桥梁上行驶的列车，它能够穿梭在两岸之间，能够以最快捷的方式直达人们的心灵深处，同时又能够以隐晦的方式来表达出某种心境，从而提升幽默者在众人心目中的人格魅力，并能帮助幽默者塑造形象。作为社会中的一员，我们需要利用幽默的语言来达成社交的多重目的。同时，更需要借助幽默的智慧，来完成自我价值的实现。世界上没有不会幽默的人，只有不懂得利用幽默的人。我们需要利用幽默来完成自我形象的塑造，完成自身的完美蜕变。

幽默地夸赞，舒心更加开心

别人的夸赞，总是能够让我们身心愉悦。当我们去夸赞他人时，对方往往会对我们产生好感。当然，夸赞别人也是有技巧的，而在赞美的基础上适当添加幽默的元素，自然会令对方在接受自己的夸奖时，感受到我们真诚的内心。

在生活中，赞美别人的语言很多，方式也很多。而运用幽默的语言赞美对方，会让对方感受到我们并不是刻意而为之，而是发自内心的一种自然表达。比如，我们要称赞某位女士长得漂亮，普通而直白的赞美总是这样的："您长得真漂亮！"其实，我们完全可以在赞美的语言中添加幽默元素，如"本来我以为我是西施，看到您之后，我才知道我是东施"。

听了第二种表达赞美的方式，我相信，对方一定会开心一笑。而我们运用幽默的语言来实现让对方开心的目的，拉进彼此之间的距离，从而促进沟通，达到交际的目的。

运用幽默的语言来夸赞别人，能够拉近彼此之间的距离，减少陌生感，让彼此更加亲近。比如，当我们看到一位女士穿着很得体很有气质的时候，我们直接地赞美对方"你真有气质"，对方可能会觉得你是在故意恭维她，或者是有目的地在靠近她。如果此时，你幽默地说道："我见过有气质的，但是见了你，我才知道气质是什么意思。"

曾经有一位贵妇问萧伯纳："您猜我有多大岁数？"

萧伯纳说道："我看您晶莹亮白的牙齿，像18岁；再看您蓬松密实的卷发像19岁；看您轻盈的身材，顶多也就14岁。"

妇人听了之后，捧腹大笑，然后笑着说道："您太幽默了，能否准确说出我的年龄呢？"

萧伯纳说道："那就请您将我刚才提到的三个数字加起来吧。"

萧伯纳这种幽默的沟通方式，不仅起到了夸赞贵妇年轻的目的，又能够让对方感受到他的真诚，这种交流方式所能达到的效果往往是一般的夸赞所达到不了的。

有一位商人，去集市上售卖自己的商品。此时走过来一位老妇人，老妇人身穿绸缎，耳戴珠宝。

商人笑着走到老妇人面前，说道："阿姨，您想买点什么？"

"我想买一件外套。"老妇人说道。

"那您看看这件。"他拿出来一件绸缎布料的外套递给老妇人，说道，"这款外套很适合您的气质。"

"你是在故意夸我吧？"老妇人质疑道。

"不不不……"商人赶快解释道,"我这人嘴笨,我觉得您最适合这款外套了,不对,应该说是这款外套最适合您,因为我看您穿的也是同一款面料的外套,就知道您是一个懂得如何保养绸缎的人。这款外套到您手里,肯定会得到它应有的保养。"

商人说完,老妇人会心一笑,紧接着询问价格,最终成交。

沟通是一门艺术,在这门艺术里,幽默的元素能够让沟通变得更加顺畅,让听众更加开心。

在生活中,假如我们因为某些原因,不得不说一些赞美他人的话,此时,千万不要说谎或者说一些不符合实际的话,更没有必要将对方夸得天花乱坠。我们倒不如学学上面例子中的商人,转化夸赞别人的方法,增加幽默的元素,便能够实现自己交际的目的。

当然,幽默地夸奖别人也不能无所顾忌,有些人性格比较传统和内向,如果我们和对方不够熟识,那么就不要随意开玩笑,也不要随便运用幽默的方法来夸赞对方。另外,我们夸奖的内容应该是对方所在意的,而不应该是泛泛之谈。最后,幽默地赞美对方,一定不要太过刻意,要让幽默成为沟通的润滑剂,这样才能让沟通的气氛变得活跃,彼此感到开心。

富有创意的幽默能推销自己

我们不得不承认,与人沟通其实就是一个自我推销的过程。如果我们是一个商人,那么我们与别人交往时,我们本身就是商品。我们需要通过和别人沟通来让对方意识到我们的价值,或者说意识到我们的优势,从而选择与我们交往,最终实现关系的建立。

每个人都需要进行自我推销,尤其是与第一次见面的人进行沟通,我们就要有意识地给对方留下好的第一印象。所谓第一印象就是所有人际交往的开始,这直接关乎日后的沟通和深层次交往。好的第一印象,能够让对方对我们产生好感,甚至是产生深刻的印象。那么怎样的印象才能算是好的印象呢?最重要的一点当然就是幽默了。因为在沟通中,幽默能够恰到好处地传递正能量。

在现实生活中,我们与不熟悉的人会面时,难免会出现情绪紧张、四目相对的尴尬局面,使沟通难以进行下去。这个时候,

第五章　超强幽默感成就社交达人

我们需要有意识地运用幽默的语言与对方进行沟通，这个过程就是推销自我的过程。

在美国著名的演说家罗伯特六十大寿的时候，来了很多朋友，有熟悉的朋友，也有第一次见面的朋友，当时罗伯特难免有些拘谨。

此时，有几个关系比较好的朋友劝说罗伯特，让他戴顶帽子，因为罗伯特是秃顶。此时，罗伯特却说道："你们不知道我的光头有很多好处，最起码我是第一个知道下雨的人。"听完罗伯特说的话，人们大笑了起来。此时，整个生日宴会的气氛就变得轻松起来了。

或许正是因为罗伯特的幽默，让他拥有了很多的朋友，在他去世的时候，上千人来参加他的葬礼。

我们在生活中会发现，很多交际达人都是善于推销自己的，他们擅长将自己的观点传达给别人，同时也善于接受他人的观点。在与人交际的过程中，这些人喜欢将自己的想法通过幽默的语言表达出来，这样的方式更容易让他人接受自己的观点。

那么，在生活中，我们究竟要如何让自己的幽默富有创意呢？

第一，多一些奇思妙想。所谓奇思妙想，就是让自己的思想变得更特殊，或者是用别人根本没有想到的方法来解决问题。这个时候，我们新颖的方式更容易吸引别人的眼球，从而达到吸引别人注意的目的。

有一次贾晓亮代表公司参加产品推介会。参加此次推介会的竞争对手有五家，但是贾晓亮心里明白，客户是固定的人群。可是，怎么样吸引客户眼球呢？

贾晓亮先是穿上了夸张的玩偶服装，在形象上吸引了客户的注意。之后，当客户注意到他之后，他会邀请客户到自己的摊位前，然后将自己的产品给客户试吃。在客户吃完之后，贾晓亮说道："您或许不需要永葆青春，但是您肯定想长命百岁。"

客户往往都会笑着点点头，贾晓亮继续说道："我可能不能让您长命百岁，但是我的产品能让您尽量活得久一些，尽量多享受这世间的美好。"

最后，经过贾晓亮富有创意的幽默感，成功地完成了这次推介会的销售任务，不仅如此，他还交到了几个新朋友。

第二，多看、多听、多学，在生活中，我们要多学习一些新的幽默方式，比如模仿他人、学会运用谐音式的幽默等等。要学会多种幽默方式，避免简单地使用一种幽默方式，只有这样才能够让人们感受到你幽默的新颖性。

张小敏在参加一个素食聚会时，认识了一个素食爱好者。两人在交谈中，张小敏发现对方很善于利用幽默来进行沟通。

那个素食爱好者先是自荐为大家唱歌，歌曲并不是什么经典老歌，而是岳云鹏唱的《五环之歌》，但是当她开口唱第一句的时候，在场的所有人都惊讶了，因为声音简直和岳云鹏一模一样。

在她唱完这首歌之后，在场的所有人都记住了她的样子和名字，其中就包括张小敏。

在之后的交往中，张小敏发现这个素食爱好者是一个幽默而有魅力的人。她对张小敏说道："生活是把杀猪刀，我都成了杀猪刀下的那头猪，那我何必还要吃猪肉。"

在短短两次聚会之后，张小敏就被这个素食爱好者深深地吸引并成为了好朋友。

当我们带着富有创意的幽默与他人交流的时候，我们要如何更好地推销自己呢？

其一，善于从不同层次表现自己的幽默感。比如在不同的场合之下，要选择不同的幽默方式，我们不仅要会说笑话，同时还要学会讲幽默搞笑的故事；不仅要学会像相声演员一样说单口相声，也要学会说群口相声。

其二，用幽默的方式推销自己，并不是让我们丢掉自尊心，任意丑化或者是贬低自我。相反，我们要用幽默推销自己，用幽默的方式让自己变得更受欢迎，更能体现自己的价值所在。

其三，如果是与第一次见面的交流对象沟通，那么此时，一定要注意对方的喜好。比如对方性格比较温柔内向，那么我们就不要开过于随意的玩笑；如果对方性格大大咧咧，一些隐晦的笑话的沟通效果可能没有讲幽默故事的效果好。

幽默需要学习，幽默也需要创新。在人际交往过程中，我们要不断丰富自我的幽默形式,找到独具特色的幽默方式,从而吸引交际对象的注意。当然,我们展开幽默沟通的目的,就是为了能够将我们更好地展现给对方,从而加深我们在对方心目中的印象,让对方对我们产生好感,从而实现深层次的沟通和交往,达到建立关系的最终目的。

第六章
CHAPTER6

幽默的交流技巧
成就好人缘

幽默是人际交往的润滑剂

　　幽默的谈吐和交流方式，是交际沟通时所离不开的。它能使严肃紧张的气氛变得相对轻松、活泼起来。同时，幽默风趣的言语能让人感受到说话人的善意和真诚，其观点很容易让听众所接受。人与人相处时，难免会因观点不一致或者是想法不同，让彼此心头蒙上一层霜，这样一来，不但会将交流气氛弄得十分尴尬，而且如果不及时处理掉，在心头结成了冰就难以化解了。在这种情况下，我们就要善于利用幽默的语言来润滑，从而让本已经不顺滑的关系，变得顺滑、畅快起来。

　　曾经有一位皇帝，他和自己的贴身侍卫赛马跑到了很远的乡下，眼看太阳即将落山，皇帝感觉到自己肚子有些饿了。他找到一个小饭馆，小饭馆已经卖完了所有吃的，唯独剩下了两个鸡蛋。

　　皇帝让店家将两个鸡蛋热了热，他和侍卫一人一个，吃完了之后，皇帝问店家多少钱。

　　店家回答需要二两银子，皇帝惊呼太贵。

第六章　幽默的交流技巧，成就好人缘

店家说道："您是皇帝，如果别人购买鸡蛋，我可能会便宜一些。因为您是皇帝，我必须将鸡蛋的价格和您的身份匹配起来才行。"

皇帝听完，大笑了起来，并命令侍卫按照店家的价格付了账。

店家开始惹得皇帝大怒，可能会丢掉性命，但是他用幽默的语言不仅让自己捡回了一条命，更让自己得到了应有的经济报酬。

在沟通过程中，遇到一些意想不到的尴尬局面是在所难免的，如果我们陷入沮丧悲观的情绪中，势必会影响到我们的沟通。此时，我们不妨选择幽默的沟通方式，从而获得沟通的主动权。

有一次林语堂先生乘船旅行，船上有很多人，其中一名外国人在看他写的英文版的《生活的艺术》。

外国人看到林语堂的穿着，以为他是一个乡野村夫，便用鄙视的眼神看着他，并且说道："老兄，你看得懂这本书吗？"林语堂不急不躁地用英语回答道："虽然我看不懂，但是这本书是我写的。"说完掉头就走，那个外国人露出惊骇的表情。

幽默在我们生活中起到了润滑剂的作用，不仅在交流中需要幽默，在生活中我们也是离不开幽默的。幽默能够让疲倦的人们感受到些许轻松和舒坦，能够让悲伤的人们感受到丝丝的安慰，这或许就是幽默所具备的润滑剂的作用吧。

要知道幽默并不是一种外显的交流武器，而是一种智慧的结晶。在社交中，当我们四面楚歌的时候，不要害怕，当我们面临

危险的时候，幽默也能够帮我们脱离险境。

幽默是润滑剂，在人际交往过程中，当人与人发生了矛盾，那些缺乏幽默感的人会将事情弄得越来越复杂，而幽默的人，会运用幽默的方式让事情得以缓和。那么，我们要如何运用幽默达到润滑人际交往的目的呢？

第一，要增加自己的修养，要与人为善。只有我们自身修养得到了提升，在遇到别人恶语相向的时候，才能够控制住自己的不良情绪。日本学者鹤见佑辅说："使幽默不堕于冷嘲，那最大的因子是纯真的同情。"

曾经有一个女子生了一对双胞胎，出月子之后，左邻右舍都去看望她，大家都在夸赞两个孩子长得是如此英俊。此时，一位教书先生不怀好意地问这位女子："这两个孩子，哪个是先生的，哪个是后生的？"女子马上回答说道："不管哪个是先生，哪个是后生，都是我的孩子。"众人听完之后哈哈大笑，教书先生只好偷偷溜走了，从此之后他再也不敢去嘲笑那个女子了。

第二，我们要热爱生活，要乐观地对待自己的生活。不可否认，一个厌倦生活的人根本体会不到生活的乐趣，自然就不会感受到幽默的价值了。因此，乐观的人、热爱生活的人，才能够学会幽默。

第三，一个人的智慧是可以后天进行培养的。这种智慧体现在很多方面，联想能力就是很重要的一方面。当我们善于联想的时候，我们总是能够发现事物有趣的一面，从而更能够让我们本

第六章 幽默的交流技巧，成就好人缘

身感受到幽默的存在。

在一次集团市场开拓分析会上，董建祥在详细地分析现有的市场因素对产品销售的影响，参会的人员都在认真听讲。不料此时一个人的椅子腿断了，然后跌倒在地上。董建祥见状，马上说道："各位，现在一定可以相信，我提出的观点是足以压倒别人的。"话音刚落，众人发出了开心的笑声，尴尬的气氛就这样被打破了。由此可见，机敏的反应能力在应对一些突发事件时是多么重要，如果董建祥的反应不够机敏，那么他肯定无法缓解这种尴尬的局面。

社交是人与人之间必然要发生的活动。在人与人交往沟通过程中，可能会发生各种各样的事情，比如意见不合、观点不统一等等，此时，聪明的人善于运用幽默的交流方式来让彼此都有台阶下，从而缓和沟通氛围，这就是幽默的润滑作用。总之，幽默是一种优美、健全的品质，这种品质能够恰到好处地让我们将交际进行下去，当我们掌握了这门艺术的时候，我们便可以在沟通交往中变得如鱼得水，也能够在遇到困境时找到应对的办法，让自己摆脱尴尬的境遇。

笑着达到自己的社交目的

俄国作家契诃夫曾说："不懂得开玩笑的人，是没有希望的人。"所谓"没有希望"，恐怕指的就是这样的人根本不懂得如何去热爱生活，如何在生活中寻找希望和乐趣吧。在生活中，我们可能会遇到各种各样的事情，也会遇到不同性格的人，而要在复杂的人际交往中，获得愉悦的感受，那么就需要找到人生的乐趣，即需要我们用乐观的态度去完成我们的社交活动。

要实现幽默社交，必须满足三个条件，其中最为重要的条件，便是乐观的生活态度和信念。乐观的人总是面带微笑，无论遇到什么事情，他们都能够积极地去应对，即便在生活中遇到了不愉快的事情，他们也能够保持一种积极向上的态度，从而达到社交的最终目的。

幽默的谈吐是建立在说话人健康思想之上的，只有那些具有较高涵养和品德的人，才会说出诙谐的话语，才能表现出顺滑而不粗俗、精练而不繁冗的含义。同样，积极乐观的人总是能够把自己最好的状态展现给遇到他的每个人。

　　幽默是一种发自内心的体验，而笑也是一种由内而外展现出来的表情。只有幽默的人，才能让自己的笑容变得更有感染力，才能赢得别人的微笑，并展开自己的交际。

　　德国生物学家隆涅曾经对笑进行了深刻的研究，他十分重视笑对人体的生理机能作用。在他九十二岁高龄的时候，在接受一项荣誉颁奖时，说道："今天出席这次大会的许多人都已经不小了，对这些人来讲，重要的是节省自己的精力。也许，大家不一定知道，一个人皱眉所需要牵动的肌肉是30块，而笑一下仅仅需要牵动13块肌肉，所以笑要比皱眉少消耗很多能量。因此，亲爱的朋友们，请尽量多地笑吧！"

　　在沟通过程中，我们不仅要保持微笑，还要能够将这种快乐的心境传递给他人。而要把快乐传递给别人，恐怕就是要通过幽默社交的方式了。幽默的形式有很多种，无论哪一种，只要是能够让我们在欢笑中完成社交，那么我们不妨去大胆尝试。

　　曾经有两个人在下棋，连着下了三局，体形微胖的男士输了，但是他时不时露出笑容。此时，有一位女士从这里经过，便问道："谁赢了？"

　　体形微胖的男士笑着说道："第一局我没赢，第二局他没输，第三局我们双方都使出了所有的招数，经过激烈的搏杀，经过长时间的博弈，我提议打成平局，他却不同意。"

听完这位男士的话，周围观棋的人都哈哈大笑起来。

这位男士本身已经连输了三局，但是他还能以这种乐观的口吻讲述下棋的过程，可见，他是一个充满幽默感的人，他通过对自我败局的调侃，达到了取悦别人的目的。这不仅是个人魅力的一种体现，也是乐观态度的一种传递。

一位美国的演讲家在激情澎湃地演讲，此时，一位观众从台前经过时，不小心突然摔倒了。面对如此尴尬的场景，演讲家并没有觉得尴尬，他反而说道："亲爱的，我还没有演讲完毕，即便你对我再怎么崇拜，也不用行如此大礼。"

此时，响起了一阵欢笑，摔倒的观众也笑了。

在社交过程中，能够笑着去应对一切的人，往往具有强大的内心世界。那么，在与人沟通过程中，我们究竟要如何笑着去应对呢？

首先，在遇到别人调侃自己时，不要急于发脾气，更不要抱怨对方没礼貌，而是应该学会用幽默风趣的自嘲来化解尴尬。

美国著名的黑人律师约翰·马克，在一次演讲中，发现听众大部分都是白人，且大部分都对黑人充满敌意。于是，他放弃了原来的开场白，笑着讲道："女士们，先生们，与其说我是在发表演讲，不如说我是来给这个场合增加一点颜色的。"说完，台下的观众都笑了，此时，对立情绪也就烟消云散，此后几个小时的演讲，变得十分顺利，整个会场也没有任何反对的声音。

其次，在生活中难免会遇到一些比较为难的事情。比如在面对别人的请求时，我们本身是不愿意去做的，但是对方会用十分诚恳的语言恳求我们。此时，如若我们直截了当地拒绝对方显得比较冷酷，那么，我们不妨选择一种委婉的比喻式的幽默，既能表明自己的态度，又能够让对方笑着接受自己的决定。

曾经有一位外国记者，希望能够采访《围城》的作者钱钟书先生，可是钱钟书先生不喜欢这种采访，但是外国记者又十分诚恳。钱钟书先生在电话中是这样回答对方的："假如您吃了鸡蛋，觉得这个鸡蛋的味道不错，那么又何必非要去认识那只下蛋的鸡呢？"最终，对方笑着挂断了电话。

钱钟书先生通过这样幽默的比喻，让那位外国记者了解到他并不希望接受采访。与此同时，这位外国记者也能够感受到钱钟书先生的幽默。

最后，在生活中，我们难免会遇到一些不怀好意的人，他们对你有成见，甚至会误解你的行为。在与这些人沟通的时候，我们需要做的不是正面对抗，而是选择一种幽默的方式，达到既不失自己的尊严，又避免与对方发生冲突的目的。

有一次，德国诗人歌德在公园散步，迎面而来的是一位批评家，他对歌德的诗歌表示不满。这位批评家看到了歌德，便说道："虽然这条小路很窄，但是我从来不给傻瓜让路。"歌德听了之后，并没有生气，反而微笑着说道："我恰恰相反。"说完迅速闪身，让批评家先过。

歌德面对对方的攻击和无礼话语并没有生气，反而是运用幽默的方式来进行还击。相信那位批评家会哑口无言，同时，也没有办法再嘲笑歌德。

生活本身不是一帆风顺的。在生活中，我们会遇到各种各样的人，他们有的友善，有的直爽，有的木讷，有的偏执，而我们能做到的就是学会笑着面对，用幽默的方式去化解一切尴尬。每个人都希望自己能够获得好的生活体验，而幽默的方式能够让我们感受到生活的快乐，同时，将这种快乐传递给身边的人，从而实现幽默社交的目的。

第六章 幽默的交流技巧，成就好人缘

幽默的人气场更强大

　　气场指的是什么？气场其实就是对人散发的隐形能量的一种描述，它是指能够把握或者是掌握到的自然规律的多少。在生活中，我们越懂得顺应自然规律，我们的气场就会变得越大；越是背离自然规律，我们自身的气场就会变得越小。不可否认，自然规律与人类的身体机能和心理活动的规律是一致的。

　　在生活中，一些人遇到事情时总能顺心顺意，而有些人做事情往往会厄运连连，这便是由于人的气场不同。而幽默就是要让人们利用积极向上的心态，从而展现给别人一种充满活力的样子，幽默本身是一种正能量，因此，幽默的人往往更具有强大的气场。

　　在人际交往过程中，一个人的气场是否强大，表现在对周围人是否能够产生影响。我们要进行社交，都希望能够影响到别人，甚至是吸引别人的注意，给对方留下深刻的印象。那么，这就需要增强自我的气场，而幽默的方式能达到吸引别人眼球的目的，同时也能够让我们将快乐带给对方，从而实现扩大自我影响的目的，因此，善于利用幽默的人，往往具备强大的气场。

在英国的一家菜市场上，有一个出了名的卖肉先生，他每天来到摊位上，嘴就开始说个不停。此时过来一个买肉的人，他便开始说道："年轻人，买点什么肉？是要牛肉还是鸡肉？我觉得您还是来点嫩嫩的小牛肉吧，吃了小牛肉的人都会变得健壮，您说呢？"

这位卖肉先生口中的"年轻人"其实是一位年过六十的男士，男士听了对方的称呼笑个不停，同时，自然接受了卖肉先生的建议，买了一块儿小牛肉便回家了。因此，这位幽默的卖肉先生的生意相当火爆，每天早早地就能将摊位上的肉卖光，并且他已经成为菜市场的名人，人们只要想买肉，都会来到他的摊位前。因为买肉的过程，俨然已经成为了享受社交的过程。

既然幽默的人往往具有更为强大的气场，那么我们要如何让自己强大的气场为自己的社交铺平道路呢？

第一，气场大的人，能够使幽默起到批评别人作用的同时不伤害到别人的自尊心，也能够维护自身的形象。

曾经有一位建造师去一个小饭馆吃饭，建造师点了一份蛋炒饭，但不知什么原因，蛋炒饭里有很多沙子。

建造师边吃边将沙子拣出来，然后他将沙子和小石头都摆在桌子上，此时，服务员看到了，十分惭愧地问道："实在抱歉，您的饭里面全是沙子吧？"

建造师摇摇头说道："不，也有米饭。"

服务员听了更觉得惭愧了，接着问道："那我该怎么做，才能补救呢？"

建造师笑着说道："把沙子运送到工地上吧，它才能发挥应该有的价值。"说完服务员也笑了。

建造师在饭中吃到了沙子，他并没有直接对服务员抱怨，也并没有表现出强烈的不满，而是通过幽默的语言让服务员认识到自己的不足。这样强大的感染力，不仅能够化解当时尴尬的气氛，还能够将幽默传递给服务员。

第二，当面对他人对自己的不满时，可以运用强大的气场来震慑对方，同时，让自己的社交之路变得更加顺畅。

有一次在谈判中，温斯顿·丘吉尔遇到了自己的政敌阿斯特夫人，阿斯特夫人对丘吉尔十分不满，便对丘吉尔说道："温斯顿，如果你是我的丈夫，我肯定会将毒药放到你的咖啡里。"

丘吉尔听完之后，并没有生气，反而是笑笑说道："夫人，如果我是你的丈夫，我就会将那杯放了毒药的咖啡喝掉。"

不难看出，丘吉尔用巧妙的回答讽刺了自己的政敌。同时，他用这种幽默的方式，将冲突隐藏了起来。丘吉尔用这种委婉而又幽默的方式给了对方一个教训，这种说话技巧是值得我们去学习的。同样，通过这种说话技巧，也能够体现出丘吉尔强大的气场。

第三，强大的气场能够震慑不怀好意的沟通对象，同时让我们随机应变，并能够彰显出属于我们自己的独特魅力。

1935年，法国巴黎大学的博士论文答辩开始了，法国主考官向陆侃如先生提了一个十分奇怪的问题，这个问题似乎有些不怀好意，或者说是故意刁难，问题如下："《孔雀东南飞》这首诗，为什么非要说'东南飞'？为什么不说'孔雀西北飞'？"这是一个很难回答的问题。

陆侃如先生并没有犹豫，反而是用幽默的口吻回答道："西北有高楼。"

他巧妙地利用这种幽默来应对别人的刁难，这样的机智恐怕也只有气场强大的人才能够拥有吧。

在生活中，我们需要借助幽默的力量让我们自身变得更加坚强，毕竟社会十分复杂，我们需要面对的事情很多，我们不仅要经历事事顺利带来的开心，也要面对万事坎坷带来的痛苦，只有善于运用幽默，才能让我们感受到生活的美好。

在罗斯福还不是总统之前，一天他的家中失窃了。朋友得知这件事情之后，便写信来安慰罗斯福。罗斯福也给朋友回了信，在信中他是这样写的："感谢你的来信，我现在心里十分平静。因为我要感谢上帝，第一，盗贼偷了我的财物，而非我的性命；第二，窃贼只偷走了我部分的东西，而不是全部；第三，最值得庆幸的是做贼的是他，而不是我。"

罗斯福的这封回信足以让我们感受到他强大的内心，他的幽默回信更能表明他气场的强大。并不是每个人遇到这种事情，都能够如此乐观，而罗斯福的这种乐观正是通过他的幽默表现出来的。

　　与他人沟通，需要的不仅是随机应变，更多的时候还需要以乐观的态度去进行幽默的沟通。而幽默的人总是善于与任何人沟通，他们能让对方感受到他们无坚不摧的内心以及强大的气场，从而吸引对方的注意，并给对方留下好感，最终实现自己社交的目的。

幽默帮你化解交际中的不和谐因素

幽默是一种艺术，更是一种才华。人们可以通过幽默的力量让生活变得更加舒畅。同样，幽默本身可以以愉悦的方式来表达人的真诚和善良，从而拉近与他人之间的距离，弥补了人与人心中所产生的鸿沟。

幽默是一种智慧的社交方式，人们可以利用幽默来调解矛盾、化解误会。善于运用幽默社交的人，能够让人与人之间紧张的气氛、对立的关系变得轻松、活泼；不可否认，幽默还能使尴尬的场面变得轻松、和缓；使处在局促环境中的人，变得轻松自在。

善于运用幽默来化解困境、解决难题的人，往往也善于运用幽默来捍卫自己的尊严，从而学会维护自己的利益。在整个事情的发展过程中，幽默的人能够通过自己的幽默，来做到既不伤害对方的感情，又能达到良好的沟通效果。

美国前总统里根与夫人南希十分恩爱。有一次，里根在演讲台上进行演讲，而夫人南希正坐在演讲台的对面，不知什么原因，南希不小心从椅子上摔了下来,观众们看到之后,顿时发出了惊叫声。

此时,只见南希不慌不忙地爬了起来,在诸多宾客的热烈掌声中回到了自己的座位上。此时,里根看到自己的夫人没有受伤,便幽默地说道:"亲爱的,只有在我没有获得掌声的时候,你才能这样表演。"南希听了丈夫的话,回答道:"是的,罗尼。"南希接着说道,"听不到掌声,我都有点着急了。"顿时,台下响起了一片掌声。

里根利用幽默的话语,不仅化解了当时的尴尬,也为妻子赢得了掌声。对于这次演讲来讲,南希不小心摔倒成为了演讲过程中不和谐的因素,而里根善于运用幽默的语言,将这种不和谐的因素转化成有利的因素,可见其是多么机智。当然,如果在这个时候,里根对夫人南希置之不理,或者是埋怨,则一定会令整个演讲变得更加尴尬,甚至会给听众带来负面的情绪。而里根选择用幽默的交流方式,这不仅提升了自身的人格魅力,同时也帮妻子化解了尴尬。因此,无论在日常生活中,还是在重大场合,幽默的谈吐都是不可缺少的。

那么,在社交过程中,有哪些不和谐的因素需要我们多加注意,并且运用幽默的方式去巧妙应对呢?

第一,当我们遇到外界不利因素干扰时,我们不妨选择幽默的方式化解这种干扰,从而实现自己的社交目的。

一位歌星被邀请到一个剧场进行演出，在这位歌星唱到一半的时候，一个不怀好意的听众将一个纸团投向了歌星，幸运的是纸团落到了地上，没有砸中歌星。歌星自然看到了这一幕，但是这并没有影响到他继续唱歌。唱完之后，他笑着对台下的观众说道："我只收鲜花，可不收废纸哦。"

说完，台下的观众都笑了，那个扔纸团的观众只好灰溜溜地离开了会场。

这位歌星在遇到别人的干扰时，并没有停止自己的演唱，反而选择唱完之后再谈及此事。这本身是一种有素养的表现，同时，运用幽默的语言来化解尴尬，更是智慧的体现。

第二，当我们处在不利的环境之中时，我们不妨选择幽默的方式进行应对。

一艘大船因为出现了故障，无法前行，只好停泊在大海上，等待他人的救援。此时，两名水手坐在船板上交谈。

胖水手问那个瘦小的水手："如果没人来救我们，我们该怎么办？"

瘦小的水手回答道："我们都会游泳。"

胖水手继续问道："看你那么瘦小，游泳也不可能游到小岛上。"

瘦小的水手说道："但是我可以让船带着我漂流。"

对于这两位水手来讲，轮船在大海上发生故障，本身就是一件十分不利的事情。在面对这种不利环境时,瘦小的水手还能用幽默的方式来进行交流,这本身就是一种乐观的态度。

第三,当我们在生活中灰心丧气时,幽默可以帮我们改变这种心境。此时,灰心丧气的心境就成为了我们交流过程中不和谐的因素。我们可以利用幽默的力量,帮我们找回自信、激情,从而使我们的精神变得振奋,心情变得舒畅。

著名的剧作家考夫曼,在年纪轻轻的时候就挣到了一万多美元,这对于当时的人们来讲,是一笔巨大的财富。为了能够让这一万美元产生价值,从而获得更多的回报,他接受了悲剧演员马克的建议,即将这笔钱用于投资股票。然而很多事情都是自己无法掌控的,在1929年的时候,美国经济大萧条,此时股票全部变成了废纸。

很多好友都会认为考夫曼会因为这件事情而悲伤,便去劝慰他,考夫曼却开玩笑似的说道:"马克兄弟是专门演悲剧的,无论是谁听他的话将钱拿去投资,估计都会和我是一样的下场。"

面对如此大的损失,考夫曼并没有怨天尤人,也没有对好友马克心生恨意,反而是以苦中作乐的心态来面对困境,这不仅让人们感受到他的乐观和豁达,更能让人们感受到他的幽默和机智。

在生活中,有时候痛苦会突如其来,危险会从天而降,在这个时候我们要学会苦中作乐,并且拥有良好的心态,让自己用幽默的方式来化解内心的痛苦。

道尔夫和妻子开车去看望好友,不料汽车刹车失灵了,此时,妻子开着车惊慌失措地问道:"现在我们该怎么办?"

道尔夫说道:"亲爱的,让我们祈祷吧,性命要紧,不过你要找便宜的东西撞。"

道尔夫的太太撞向了路边的垃圾桶,汽车停了下来。车的前部已经撞坏了,幸好两人没有受伤,待他们从汽车中爬出来之后,两个人想到刚才的对话不免大笑起来。

此时,围观的人看到两人大笑,不免有些疑惑,然后问道:"你们故意将车子撞坏的吗?"道尔夫笑着说道:"我太太看到了一只大老鼠,她想轧死那只老鼠。"

虽然道尔夫夫妇损失了一辆汽车,但是他们幽默的态度让他们摆脱了不利因素的困扰。

在生活中,我们会遇到各种各样不利的因素,这些因素不仅会影响到我们的心情,甚至还会影响到我们对事物的判断。此时,我们要做的就是学会运用幽默的力量摆脱不利因素对我们的困扰,最终实现幽默社交。

第六章 幽默的交流技巧，成就好人缘

风趣的语言帮你获得交际主动权

在人际交往中，风趣幽默的语言总是能够帮助我们化解尴尬。当然，很多时候，我们在交际中处于被动状态，或者说别人讲什么，我们只能听什么，在这个时候我们需要做的就是通过幽默的语言，让自己变被动为主动。

与人沟通，最害怕的事情就是我们总是跟随别人思想走，或者说，我们所说的都是别人给我们引出来的。我们根本没有交流的主动权，总是按照别人的思想和主题来进行沟通，这种情况对我们是十分不利的。

李冰梅本身是一个不善于交谈的人，她在参加部门聚会的时候，总是在听别人讲述，当别人问到她的观点时，她也是象征性地说一下自己的观点，根本没有自己的主见，面对这样的情形，好朋友张凯丽说李冰梅不懂社交。

其实，一个不懂社交的人，往往是不善于表达自己的观点的。学会运用风趣的语言才能达到顺畅沟通的目的，从而才能让自己的社交变得更加顺畅自如。

　　无论是在外与人社交，还是在处理家庭事务时，都需要用幽默风趣的语言来处理一些问题。曾经有一位自由撰稿人，他和妻子吵架了，两个人连续几天都互不理睬。妻子一气之下，写了一份离婚协议书。这位撰稿人意识到问题相当严重，便灵机一动，拿起了一张退稿单，写道："来稿收到，经反复推敲研究，不予采用。"妻子看到后，忍俊不禁。

　　幽默给世界带来了很多快乐和笑声，幽默也能化解人与人之间的尴尬，并且帮助你获得交流的主动权。

　　童话作家安徒生生活相当节俭，一天，他戴了一顶十分破旧的帽子走在大街上。有个路人不怀好意地嘲笑安徒生："你脑袋上的那个东西是什么？能算是帽子吗？"面对这样的嘲笑，安徒生并没有表露出生气的样子，而是迅速回答道："你帽子下面的那个东西是什么？能算是脑袋吗？"

　　在面对别人的嘲笑时，安徒生并没有因为对方的嘲笑而生气，更没有指责对方，而是选择一种幽默的方式来回敬对方。这样的交流方式不仅让安徒生赢得了交流的主动权，更帮安徒生挽回了颜面。

　　那么，在实际生活中，我们究竟要如何利用风趣的语言来获得社交主动权呢？

　　第一，学会见缝插针式的幽默方法。当与别人进行交流的时候，如果别人掌握了交流的主动权，我们要把握任何一个时机，从而扭转时局，掌握主动权。

在部门会议上，业务员小周正在大谈自己与客户的交谈之道。他说道："我看到客户之后，我会先从对方的穿着与打扮入手，分析他大概是做什么的。或者我会从他所佩戴的饰品的品牌上，看他是不是一个有潜力的客户。在分析完这些因素之后，我再选择是否向他推销我的产品。一般情况下，我的这种鉴别客户的方法，在一定程度上提高我的产品成交效率。"

正在小周自我感觉良好的时候，突然有一个声音说道："人有走眼，马有失蹄。"

此话一出，笑声不断。此时，人们将目光都转移到了说出此话的人身上。

可见，这种幽默的方式能够起到转移话题和掌握交流主动权的作用。

第二，在表示自己不同的意见又不想反对他人的观点时，我们不妨选择幽默的交流方式，从而达到自己想要表达的目的。

一位年轻画家找到了一处新房子，他决定搬家。他邀请好友参观自己新找的房子，并对好友说道："我想要把房间的墙壁重新粉刷一遍，然后再在墙上画上一些画。"听了这位年轻画家的话，他的朋友说道："我认为，你最好是先在墙上作画，然后再粉刷一下你的墙壁。"

话音刚落，两人同时笑了。

这位画家的好友用这种幽默而含蓄的方式表达了自己的意见，这样既能够达到幽默的效果，同时也能给人一种出乎意料的感受。

有一位作家名叫温尔逊，他新出了一本书，当他的朋友得知此事后，纷纷前来表示祝贺。其中一个朋友开始讲道："这本书我已经看完了，我可以代表温尔逊回答所有关于本书的问题。"

一个人站起来问道："这本书最吸引人的地方是什么？"

温尔逊正要开口回答，不料那位朋友抢先一步说道："当然是故事情节，这本书讲述的就是一位男子在经历了许多磨难之后，变为社会中的强者。"

又一个人站起来问道："这本书写得最不好的地方在哪儿？"

这次温尔逊的发言机会又被这位朋友抢占了，说道："没什么写得不好的地方，我觉得写得都很好，整本书我都很满意。"

当这位朋友说完之后，温尔逊站起来，不急不慢地说道："刚才回答问题的是代理温尔逊先生。"

话音刚落，朋友们全都笑了。之后朋友们的提问，那个朋友再也没有站起来回答。

温尔逊希望通过自己的幽默表达表示这个朋友回答得有点多，显然他的朋友抢占了他的说话机会，他没有指责朋友，而是选择一种幽默的交流方式来夺回了属于自己的话语权。

第六章 幽默的交流技巧，成就好人缘

生活中，当我们与他人沟通时，可能会遇到很多善于交际的朋友，他们可能会抢占话语权，甚至会霸占交际的主动权。遇到这种情况，我们不必着急，我们需要做的就是在恰到好处的时候，选择幽默的语言来夺回交流的主动权，并成功完成自己社交的目的。没有人希望自己在与人沟通时，只甘心做一个聆听者，我们需要掌握社交的主动权，并且在合适的时候表达我们自己的观点，并赢得他人的好感。

批评别人，也能让别人开心

在日常交往过程中，我们总是害怕批评别人，很多时候，即便别人真的犯了错，我们也不去批评对方。原因很简单，我们害怕自己的语言伤害到对方，更害怕自己的批评之词损害到双方的感情。其实，这大可不必，我们完全可以选择一种友好的方式来指出对方的错误。而幽默的方式就是这样一种方式，既能够让对方认识到自身存在的错误，又能够起到友好沟通的作用。批评别人，还能够让对方乐于接受批评，这是一种沟通的最高水平。

让批评深入人心，不妨选择幽默的批评方式。这就要求我们在交流方式上多下点功夫了。学会曲意表达，而并非直截了当地指出对方的错误。再者就是学会暗藏玄机式的沟通，或者是幽默自嘲的沟通方法。事实上，幽默批评能够体现出一种爱的艺术，这种批评的方式既不会让对方感觉到难看，又能够让对方接受自己对其的批评，何乐而不为呢？

一位老太太走进邮局，因为孙子的生日马上就到了。她想要给远方的孙子邮一些他爱吃的葡萄干，但是老太太不会写字，她便非常客气地对邮递员说道："先生，请您帮我在快递单子上写一下地址可以吗？"

这个邮递员当时很忙，但是又不好意思拒绝，于是就很迅速地帮老太太写下了地址。老太太看了一眼地址，说道："谢谢，请您再帮我写一句话可以吗？"

邮递员不难烦了，他冲着老太太嚷道："还要写什么？"

老太太很淡定地说道："帮我在下面加上一句话：字迹潦草，敬请谅解。"

邮递员听完老太太的话先是一愣，然后笑着解释说道："实在抱歉，因为我的工作实在是太忙了，写得有点乱，这样吧，我重新给您写一张，您看可以吗？"

老太太通过这种幽默的方式批评这个邮递员写得太乱，这不仅让邮递员意识到了自己的错误，同时也让邮递员心情变得愉悦起来。或许，这就是幽默批评法的魅力所在。

那么，在生活中，我们要使用这种批评方法，就要注意以下几点：

第一，运用幽默的批评方式，需要掌握分寸，如果使用不当，很容易让对方认为你是在讽刺他，而并非在批评他。

一个送外卖的小哥因为电梯坏了需要爬十一层楼梯，然而，等待吃饭的小张十分不高兴。在看到外卖小哥的时候，他很生气地抱怨道："怎么这么慢？我足足多等了半个小时。"

外卖小哥先是道歉，然后回答道："如果我能多等电梯半个小时，它能让我免受这徒步爬楼之苦，那我也愿意再等半个小时。"

此时，小张非但没有因为这位外卖小哥的话语变得开心，反而更加生气了，说道："你是在为自己的失误找理由。"

第二，运用幽默批评法的时候，一定要选对对象。

俄国文学家伏尔泰的仆人十分懒惰，有一天，伏尔泰想要出去参加朋友的聚会，让仆人将鞋子拿过来。但是伏尔泰看到自己的鞋子时，他发现鞋子上满是泥污。伏尔泰有些生气，说道："你早晨怎么不将鞋子擦干净呢？"

那个仆人能言善辩，回答道："昨天夜里下大雨了，我即便擦拭干净了，你只要一出门，用不到两个小时，鞋子也会和现在一样脏，因为外面道路上全是泥污。"

伏尔泰发现自己的仆人根本没有意识到自己的错误，他没有说什么，而是微笑着出了门。这时，仆人突然冲着伏尔泰喊道："您慢走，在您出门之前，请将厨房的钥匙给我，我还要吃午饭呢！"

原来伏尔泰将厨房锁上了，钥匙还在他身上，此时伏尔泰继续说道："我觉得你没有必要吃午饭了，因为午饭过后两个小时，你又会和现在一样饿。"

此时，仆人涨红了脸，他意识到自己错了，便主动向伏尔泰道歉。

伏尔泰巧用幽默的方式让仆人意识到自己的错误。如果伏尔泰换一种方式批评对方，比如对其严厉指责、大喊大骂，恐怕也是没有这么好的效果的。因为那个仆人不仅不会心服口服，甚至还会继续狡辩。

在实际生活中，我们会遇到各种性格的人，他们有的素质高，有的素质低，很可能会给我们的生活带来麻烦或者阻碍。如果我们一味地去指责对方，不但不会起到很好的沟通效果，甚至还会激怒对方，让我们的矛盾加深。如果我们善于运用幽默的批评对方，这样很可能会化解矛盾。

张宇参加同学聚会，大家正谈论得起兴，不料服务员不小心将红酒洒在了张宇的白衬衫上。张宇看到服务员紧张的表情，笑着说道："我的衬衫的确太白了，你肯定是想给我的衬衫加点点缀。"

说完在场的同学都笑了，服务员也露出了笑脸。

本来在服务员做错事之后，她的内心是十分紧张的，也会感觉到很抱歉。如果张宇对服务员一顿痛骂，这恐怕会将负面情绪传递给别人，同时也会让别人感觉到尴尬。因此，采用幽默的批评法，不仅帮服务员化解了尴尬的局面和内心的紧张，也给在场的同学带来了快乐，可谓一箭双雕。

在人际交往过程中，我们会经常遇到一些对自己不利的事情，也会发现别人的很多错误。此时，我们不妨选择一种委婉的方式给对方提出来，而不是选择当众揭穿别人的错误。当我们照顾到别人的自尊心的时候，别人也会感激我们，同时感受到你的个人魅力。因此，善于利用幽默批评法的人往往拥有良好的社交关系网。同时，这种沟通方式也会让他人喜欢。

机智搞怪，善戏善谑

　　幽默风趣的人善于"搞怪"，所谓搞怪并不是单纯地丑化自己，或者是故意做出一些愚笨的动作惹得别人开怀大笑，而是通过自己与众不同的行为或者是语言，来达到吸引他人注意的目的，并实现幽默沟通的效果。每个人都有属于自己的表达方式，很多时候，我们在面对一些事情时，如果一味地一本正经地去描述或者讲解，可能并不会有好的沟通效果。此时，不妨选择一些新奇的沟通方式，以达到更好的社交效果。

　　善于创新的人，往往是天生的幽默艺术家。以幽默大师卓别林为例，他每一部电影都会给人们留下不可磨灭的印象，他在电影里的形象能够被大家深刻地记在脑海里。因为他善于在表演中"搞怪"，他能够将搞怪变成经典。

　　在与人交往过程中，如果我们想要通过搞怪的方式来实现幽默社交，那么我们不妨对以下几方面加以注意。

　　首先，并不是所有场合都适合选择这种"搞怪"的方式进行

第六章　幽默的交流技巧，成就好人缘

幽默沟通的，如果不分场合地进行搞怪，势必会惹人反感，甚至招来不必要的麻烦。

一位漂亮的夫人站在丈夫的墓前伤心流泪，此时一个陌生的男子走了过来。他说道："夫人，对于您丈夫的不幸我深感痛惜。当然，对于您来讲，这也是十分不幸的事情。不过，对我来讲，可能算是一种幸运，因为当我见到您的第一眼，便深深地喜欢上您了。"

那位夫人听了，生气地骂道："流氓，给我滚远一点，否则我叫警察了。"

这个男子在不适合的场合表达对这位女士的爱慕之情，不但不会得到女士的青睐，反而会招惹她的厌恶。

其次，如果想要通过搞怪的方式来赢得对方的好感，就要选择正确的幽默方式，并非越夸张的幽默方式越会产生好的幽默效果。

吕兴亮参加上司的儿子的生日庆宴，他为了讨好上司，便给上司的儿子买了一个大蛋糕。

宴会开始了，吕兴亮拿着蛋糕来参加宴会。此时，他发现人们都穿得十分正式，只有自己特意穿了一身卡通运动装。

此时，吕兴亮上司的儿子跑了过来，看到他手中的蛋糕，便高兴地喊道："叔叔，我要吃蛋糕。"

吕兴亮灵机一动说道："不是叔叔，是哥哥，没看到我穿着

卡通服呢吗？"

瞬间，在场的朋友全都笑了。

在日常交流过程中，我们需要找到一些新颖的幽默方式来让我们的交流变得更加顺畅。此时，我们不妨多从一些娱乐节目中找到幽默的新形式。

在近两年比较火的《极限挑战》中，我们发现了黄渤是一个幽默感很强的人。他在节目中，不仅能够带动节目的氛围，还能够机智地化解别人设置的障碍。这种幽默感强并且机智的人就是我们通常所说的情商高、智商高的人。这样的人往往会受到周围人的喜爱和喜欢，我们不妨多学学他们，让我们的社交也变得更加顺畅。

每个人都希望自己成为社交群中的"聚光点"，希望赢得周围人们的赞扬和喜爱，但是并不是每个人都擅长搞笑和搞怪，这是需要勇气去实现的。因此，在与别人沟通的过程中，我们不妨多学一些幽默的语言和技巧，从而找到适合我们的"搞笑"方式，学会从多个方面展现我们的个人魅力，达到吸引别人注意的目的。要知道，搞怪不是我们的目的，我们搞怪是为了创造幽默，让他人感受到我们的幽默感的同时，发现我们身上的魅力，从而愿意与我们进行更多的沟通与交流，最终建立起稳固、健康的人际关系。